Dr. Eleonora Kohler-Gehrig

Diplom-, Seminar-, Bachelor- und Masterarbeiten in den Rechtswissenschaften

Kohlhammer

Dr. Eleonora Kohler-Gehrig

Diplom-, Seminar-, Bachelor- und Masterarbeiten in den Rechtswissenschaften

Verlag W. Kohlhammer

Alle Rechte vorbehalten
© 2008 W. Kohlhammer GmbH, Stuttgart
Gesamtherstellung: W. Kohlhammer
Druckerei GmbH + Co., Stuttgart
Printed in Germany
ISBN 978-3-17-020478-2

Vorwort

Das vorliegende Werk will den Studierenden eine Arbeitshilfe bei der Erstellung einer wissenschaftlichen Arbeit geben.

So vielfältig wie die verschiedenen Wissenschaften selbst und ihre Methoden, so vielfältig sind die Arten und Formen des wissenschaftlichen Arbeitens. Selbst in der Darstellung und Gestaltung wissenschaftlicher Arbeiten tun sich in den verschiedenen Fachgebieten große Unterschiede auf. Dieses Lehrbuch beschränkt sich auf allgemeingültige Formalien und die Besonderheiten von Abhandlungen mit rechtswissenschaftlichen Fragestellungen. Es wird dabei besonders auf die Erarbeitung und die formale Darstellung juristischer Problemstellungen eingegangen.

Das Buch sollte von den Studierenden schon vor Beginn der Erstellung ihrer wissenschaftlichen Arbeit, ob nun Seminar- oder Diplomarbeit, Bachelor- oder Masterthesis oder Doktorarbeit – zur Hand genommen werden. Es beinhaltet Hinweise zur Themenwahl und zur Materialsuche. Hierzu zählt die systematische Literatursuche in Bibliotheken und die Arbeit mit anderen Medien. Das Werk liefert Anregungen zur formalen Darstellung und Gestaltung einer wissenschaftlichen Arbeit.

Zahlreiche Kolleginnen und Kollegen haben mir mit Anregungen bei der Erarbeitung dieses Werkes zur Seite gestanden. Ihnen möchte ich herzlich danken.

Esslingen, im Mai 2008   Eleonora Kohler-Gehrig

Inhaltsverzeichnis

Abkürzungsverzeichnis

a. A.	andere Ansicht
a. a. O.	am angegebenen Ort
Anm.	Anmerkung
AP	Arbeitsrechtliche Praxis
BA	Bundesanzeiger
BAGE	amtliche Entscheidungssammlung des Bundesarbeitsgerichts
Bd.	Band
Bde.	Bände
BFH	Bundesfinanzgericht
BFHE	amtliche Entscheidungssammlung des Bundesfinanzhofs
BGH	Bundesgerichtshof
BGHZ	amtliche Entscheidungssammlung des Bundesgerichtshofs
BR	Bundesrat
BSG	Bundessozialgericht
BSGE	amtliche Entscheidungssammlung des Bundessozialgerichts
BStBl.	Bundessteuerblatt
BT	Bundestag
BVerwG	Bundesverwaltungsgericht
BVerwGE	amtliche Entscheidungssammlung des Bundesverwaltungsgerichts
BVerfG	Bundesverfassungsgericht
BVerfGE	amtliche Entscheidungssammlung des Bundesverfassungsgerichts
Diss.	Dissertation
Drs.	Drucksache
EMRK	Europäische Menschenrechtskonvention
EU	Europäische Union
EuGH	Europäischer Gerichtshof
GMBl.	Gemeinsames Ministerialblatt
Hrsg.	Herausgeber
ISBN	Internationale Standardbuchnummer

KUrhG   Kunsturhebergesetz

Lfg.   Lieferung
LM   Lindenmaier/Möhring: Nachschlagewerk des Bundesgerichts-
hofs
LSK   Leitsatzkartei

MK   Münchner Kommentar
m. w. N.   mit weiteren Nachweisen

NJW   Neue Juristische Wochenschrift
NJW-LSK Leitsatzkartei der Neuen Juristischen Wochenschrift

o. J.   ohne Jahr
OLG   Oberlandesgericht
OLGZ   amtliche Entscheidungssammlung der Oberlandesgerichte
o. O.   ohne Ort
OPAC   Online Public Access Catalogue

RGZ   amtliche Entscheidungssammlung des Reichsgerichts
RS   Rechtssache

Slg.   Sammlung

URL   Uniform Resource Locater

VBlBW   Verwaltungsblätter Baden-Württemberg
VersG   Versammlungsgesetz
VGH   Verwaltungsgerichtshof
VwGO   Verwaltungsgerichtsordnung
VwVfG   Verwaltungsverfahrensgesetz
vgl.   vergleiche

Warn   Warneyer: Rechtsprechung des Bundesgerichtshofs in Zivilsachen
www   World Wide Web

zit.   zitiert

Literaturverzeichnis

Bänsch, Axel: Wissenschaftliche Arbeiten. Seminar- und Diplomarbeiten, 8. A., München 2003

Barthel, Jens: Wissenschaftliche Arbeiten schreiben in den Wirtschaftswissenschaften, Berlin 1997

Brand, Jürgen/Strempel, Dieter (Hrsg.): Soziologie des Rechts: Festschrift für Erhard Blankenburg, Baden-Baden 1998

Becker, Fred B.: Anleitung zum wissenschaftlichen Arbeiten: Wegweiser zur Anfertigung von Haus- und Diplomarbeiten, 4. A., Lohmar 2004

Brauner, Detlef Jürgen/Vollmer, Hans-Jürgen: Erfolgreiches wissenschaftliches Arbeiten, 2. A., Sternenfels 2006

Brink, Alfred: Anfertigung wissenschaftlicher Arbeiten, 2. A., München u. a. 2005

Brühl, Raimund: Die juristische Fallbearbeitung in Klausur, Hausarbeit und Vortrag, 3. A., Köln u. a. 1992

Diekmann, Andreas: Empirische Sozialforschung, 18. A., Reinbek 2007

Eco, Umberto: Wie man eine wissenschaftliche Abschlussarbeit schreibt, 12. A., Heidelberg 2007

Eickhoff, Birgit (Hrsg.): Duden – Das Synonymwörterbuch, 3. A., Mannheim u. a. 2004

Engel, Stefan: Die Online Recherche, in: Engel, Stefan/Slapnicar, Klaus Wilhelm **(Hrsg.):** Die Diplomarbeit, 3. A., Stuttgart 2003, S. 66–85

Engel, Stefan/Preißner, Andreas: Promotionsratgeber, 4. A., München u. a. 2000

Engel, Stefan/Slapnicar, Klaus Wilhelm (Hrsg.): Die Diplomarbeit, 3. A., Stuttgart 2003

Fragnière, Jean-Pierre: Wie schreibt man eine Diplomarbeit? 6. A., Bern 2003

Franck, Norbert: Lust statt Last: Wissenschaftliche Texte schreiben, in: Franck, Norbert/Stary, Joachim (Hrsg.): Die Technik wissenschaftlichen Arbeitens, 12. A., Paderborn 2006, S. 172–178

Franck, Norbert/Stary, Joachim: Die Technik wissenschaftlichen Arbeitens, 12. A., Paderborn u. a. 2006

Gerhards, Gerhard: Seminar-, Diplom- und Doktorarbeit, 8. A., Stuttgart 1995

Heinz, Wolfgang (Hrsg.): Rechtstatsachenforschung heute. Konstanzer Schriften zur Rechtstatsachenforschung, Bd. 1, 2. A., Konstanz 1998

Hirte, Heribert: Der Zugang zu Rechtsquellen und Rechtsliteratur, Köln u. a. 1991

Holzbaur, Ulrich D./Holzbaur, Martina M.: Die wissenschaftliche Arbeit – Leitfaden für Ingenieure, Naturwissenschaftler, Informatiker und Betriebswirte, München 1998

Jacob, Rüdiger: Wissenschaftliches Arbeiten – Eine praxisorientierte Einführung für Studierende der Sozial- und Wirtschaftswissenschaften, Opladen 1997

Jopen, Christoph: Der besondere Kündigungsschutz für Schwerbehinderte. Konstanzer Schriften zur Rechtstatsachenforschung, Bd. 5, 2. A., Konstanz 1998

Karmasin, Matthias/Ribing, Rainer: Die Gestaltung wissenschaftlicher Arbeiten – Ein Leitfaden für Haus-, Seminar- und Diplomarbeiten sowie Dissertationen, 2. A., Wien 2006

Kirchner, Hildebert/Butz, Cornelia: Abkürzungen für Juristen, 6. A., Berlin u. a. 2007

Kleinhenz, Holger/Deiters, Gerhard: Klausuren, Hausarbeiten, Seminararbeiten, Dissertationen richtig schreiben und gestalten, Köln 2005

Kohler-Gehrig, Eleonora: Einführung in das Recht. Technik und Methoden der Rechtsfindung, Heidelberg 1997

Kosmann, Lisa: Wie schreibe ich juristische Hausarbeiten, 2. A., Berlin 1997

Krämer, Walter: Wie schreibe ich eine Seminar- oder Examensarbeit? 2. A., Frankfurt 1999

Kricsfalussy, Andreas: Format und Inhalt. Schnellkurs zur Anfertigung wirtschaftswissenschaftlicher Arbeiten, 3. A., Köln 1995

Kropp, Waldemar/Huber, Alfred: Studienarbeiten interaktiv, Berlin 2006

Kröger/Detlef: Rechtsdatenbanken, München 2001

Kroiß, Ludwig/Schuhbeck, Sebastian: Jura-Online – Recherchieren in Internet und Datenbanken, Neuwied u. a. 2000

Larenz, Karl/Canaris, Claus-Wilhelm: Methodenlehre der Rechtswissenschaft, 3. A., Berlin 1999

Lohse, Heinz: Die Bewertung von Diplomarbeiten, in: Engel, Stefan/Slapnicar, Klaus Wilhelm (Hrsg.): Die Diplomarbeit, 3. A., Stuttgart u. a. 2003

Lück, Wolfgang: Technik des wissenschaftlichen Arbeitens, 9. A., München u. a. 2003

Möllers, Thomas M. J.: Juristische Arbeitstechnik und wissenschaftliches Arbeiten, 3. A., München 2005

Müller, Norman: Die juristische Recherche auf CD-Rom und im Internet, in: Engel, Stefan/Slapnicar, Klaus Wilhelm (Hrsg.): Die Diplomarbeit, 3. A., Stuttgart 2003, S. 86–103

Noelle-Neumann, Elisabeth: Demoskopie als Instrument der Rechtstatsachenforschung, in: Heinz, Wolfgang (Hrsg.): Rechtstatsachenforschung heute. Konstanzer Schriften zur Rechtstatsachenforschung, Bd. 1, 2. A., Konstanz 1998, S. 147–159

Pflüger, Almut: Rechtstatsachenforschung in der Praxis, in: Brand, Jürgen/ Strempel, Dieter (Hrsg.): Soziologie des Rechts: Festschrift für Erhard Blankenburg, Baden-Baden 1998, S. 563–568

Poenicke, Klaus: Wie verfasst man wissenschaftliche Arbeiten? 2. A., Mannheim 1988

Preißner, Andreas: Wissenschaftliches Arbeiten, 2. A., München 1998

Putzke, Holm: Juristische Arbeiten erfolgreich schreiben, München 2007

Raiser, Thomas: Grundlagen der Rechtssoziologie, 4. A. Tübingen 2007

Rossig, Wolfram/Prätsch, Joachim: Wissenschaftliche Arbeiten. Leitfaden für Haus- und Seminararbeiten, Bachelor- und Masterthesis, Diplom- und Magisterarbeiten, Doktorarbeiten, 6. A., Weyhe 2006

Roessl, Dietmar (Hrsg.): Die Diplomarbeit in der Betriebswirtschaftslehre, 3. A., Wien 2005

Roessl, Dietmar: Hinweise zur formalen Gestaltung, in: Rössl, Dietmar (Hrsg.): Die Diplomarbeit in der Betriebswirtschaftslehre, 3. A., Wien 2005, S. 219–252

Rost, Friedrich/Stary, Joachim: Schriftliche Arbeiten „in Form" bringen. Zitieren, belegen, Literaturverzeichnis anbringen, in: Franck, Norbert/Stary, Joachim (Hrsg.): Die Technik wissenschaftlichen Arbeitens, 12. A., Paderborn u. a. 2006, S. 179–195

Sacco, Rodolfo: Einführung in die Rechtsvergleichung, Baden-Baden 2001

Salgo, Ludwig: Der Anwalt des Kindes. Die Vertretung von Kindern in zivilrechtlichen Kindesschutzverfahren – eine vergleichende Studie, Köln 1993

Schenk, Hans-Otto: Die Examensarbeit. Ein Leitfaden für Wirtschafts- und Sozialwissenschaftler, Göttingen 2005

Schlichte, Klaus: Einführung in die Arbeitstechniken der Politikwissenschaft, 2. A., Opladen 2005

Seidenspinner, Gundolf: Wissenschaftliches Arbeiten, 9. A., München 1994

Slapnicar, Klaus Wilhelm: Formalien in einer rechtswissenschaftlichen Diplomarbeit, in: Engel, Stefan/Slapnicar, Klaus Wilhelm (Hrsg.): Die Diplomarbeit, 3. A., Stuttgart 2003, S. 152–181

Standop, Ewald/Meyer, Matthias L. G.: Die Form der wissenschaftlichen Arbeit, 17. A., Wiesbaden 2004

Steinhauer, Anja: Duden – Das Wörterbuch der Abkürzungen, 5. A., Mannheim u. a. 2005

Stickel-Wolf, Christine/Wolf, Joachim: Wissenschaftliches Arbeiten und Lerntechniken, 3. A., Wiesbaden 2005

Tettinger, Peter J.: Einführung in die juristische Arbeitstechnik, 3. A., München 2003

Teubner, Ernst: Die Examens- und Übungshausarbeit im Bürgerlichen Recht, einschließlich des Verfahrensrechts, Köln u. a. 1988

Theisen, Manuel R.: Wissenschaftliches Arbeiten, 13. A., München 2006

Tiedemann, Paul: Internet für Juristen, Darmstadt 1999

Walter, Raimund-Ekkehard/Heidtmann, Frank: Wie finde ich juristische Literatur? Berlin 1984

Weilenmann, Anne-Katharina: Fachspezifische Internetrecherche, München 2006

Zippelius, Reinhold: Juristische Methodenlehre, 10. A., München 2006

1. Die Aufgabe einer wissenschaftlichen Arbeit

Seminar- und Diplomarbeiten, Bachelor- und Masterthesis sowie Doktorarbeiten zählen zu den schriftlichen Prüfungsarbeiten. Sie geben Auskunft
über die Fähigkeit zu wissenschaftlichem Arbeiten und wissenschaftlicher
Darstellung. Als zeitlich befristete Arbeiten dienen sie dem Nachweis der
Fähigkeit zu planerisch gezielter Arbeitsorganisation. Eine gezielte Planung
spiegelt sich in der Ausgewogenheit und der Sorgfalt der Darstellung wieder.

Geht es in einer Klausur darum, erworbenes Wissen innerhalb kurzer
Zeit abzurufen und anhand eines konkreten Falles wiederzugeben, ist in einer wissenschaftlichen Arbeit die **gründliche Erfassung einzelner, bis dahin
oftmals unbekannter Probleme** und die **umfassende Darstellung derselben**
gefragt. Statt der Arbeit mit erlerntem Wissen geht es um die Recherche
von Fakten und Meinungen zu einem bestimmten Thema. Es dürfen und
müssen fremde Ansichten und Veröffentlichungen zu diesem Thema herangezogen werden. Es ist die Fähigkeit im Umgang mit den themenspezifischen Hilfsmitteln unter Beweis zu stellen und nachzuweisen, dass damit
sinnvoll umgegangen werden kann. Wissenschaftliche Arbeiten sollen pro-
duktiv und schöpferisch sein, während eine Klausur weithin reproduzie-
rend ist.

Seminararbeiten befassen sich mit der Untersuchung spezieller Fragestellungen aus einem eng umgrenzten Themengebiet. Die Studierenden haben
die aktuelle Literatur zu dem Fragenkreis selbstständig aufzufinden und auszuwerten. Die Arbeit muss nach Form, Aufbau und Gestaltung den Kriterien
einer wissenschaftlichen Arbeit entsprechen. Seminararbeiten vermitteln
erste Erfahrungen für weiteres wissenschaftliches Arbeiten. Eigene wissenschaftliche Erkenntnisse werden nicht erwartet. Erwartet wird jedoch, dass
die Studierenden die Methoden des wissenschaftlichen Arbeitens in ihrem
Fachgebiet beherrschen, diese systematisch anwenden und strukturiert wiedergeben können. Es wird weiter von den Studierenden erwartet, dass sie die
gewonnenen Ergebnisse verständlich und nachvollziehbar gestalten und in
eine angemessene äußere Form bringen können.

Die **Doktor- und Diplomarbeit**, sowie die **Bachelor- und Masterthesis**
sind als schriftliche Prüfungsarbeiten Bestandteil einer Abschlussprüfung.
Die Note der wissenschaftlichen Arbeit fließt in die Endnote ein. Sie erfüllen
als Prüfungsleistung verschiedene Funktionen:

Sie dienen in erster Linie dem Nachweis der Fähigkeit zu selbstständigem
wissenschaftlichem Arbeiten. Die Problematik ist klar, logisch und objektiv
zu durchdenken. Bei der Erarbeitung genießen die Studierenden in zeitlicher

und inhaltlicher Hinsicht viele Freiheiten. Sie tragen gleichzeitig das Risiko des Gelingens.[1]

Nach den Bestimmungen der Prüfungsordnung ist ein bestimmtes Thema zu bearbeiten. Unter Auswertung und Verwertung der themenspezifischen Literatur sind die Problematik und der Meinungsstand in verständlicher und übersichtlicher Weise darzustellen. Die wissenschaftlichen Arbeiten setzen **systematisches Erarbeiten** und **strukturiertes Aufbereiten** voraus. Neben dem systematischen Erarbeiten und Aufbereiten der vorgefundenen themenspezifischen Literatur sind **eigene Wertungen und Stellungnahmen** zur Problematik und dem Meinungsstreit in Literatur und Rechtsprechung gefragt.[2]

Diplom- und Doktorarbeit, Master- und Bachelorthesis schreiten von der Ist-Analyse des gewählten Themenschwerpunktes zur Bestandsaufnahme der hierzu vorhandenen Rechtsquellen und Meinungen und schließlich zum Lösungsvorschlag voran. Es sind die in der jeweiligen wissenschaftlichen Fachdisziplin üblichen Techniken und Methoden des wissenschaftlichen Erarbeitens und der Darstellung zu berücksichtigen. Die Arbeit gibt Auskunft darüber, ob diese Techniken und Methoden nicht nur gelernt, sondern auch verstanden wurden und ob diese angewandt werden können.

Daneben ist der Frage praxisgerechter, umfassender und zukunftsgerechter Lösungen nachzugehen. Hierzu ist es erforderlich, die Folgen einer analysierten Situation oder einer entwickelten Lösung zu prognostizieren. Die Arbeit hat sich nicht auf die bloße Wiedergabe vorgefundener Meinungen und Stellungnahmen zu beschränken, sondern erfordert **eigene gedankliche Leistungen,** kritisches Hinterfragen und kreative Lösungsansätze. Statt der Wiedergabe von Fakten und dem Nacherzählen fremder Ansichten ist die sinnvolle Aufbereitung vorgefundener Ansichten, die kritische Auseinandersetzung mit denselben, die Handhabung von Argumentationstechniken und die Entwicklung neuer Denkanstöße gefragt.

Beim Abfassen wissenschaftlicher Arbeiten sind die von der Hochschule geforderten Formvorschriften zu berücksichtigen. Diese können niemals umfassend alle Fragestellungen bedenken. Soweit hochschulinterne Formvorschriften fehlen, sind die im jeweiligen wissenschaftlichen Bereich üblichen Darstellungsformen zugrunde zu legen.

Diplom- und Doktorarbeit, Bachelor- und Masterthesis werden mit anderen Unterlagen als Bewerbungsunterlagen vorgelegt. Damit kommt ihnen die Funktion einer Visitenkarte bei der Bewerbung zu. Selbst wenn die Thematik der Arbeit für die zukünftige Tätigkeit keinen Wissensvorsprung verschafft, gibt sie doch Auskunft über die Fähigkeit zu eigenständigem Arbeiten und sorgfältiger Gestaltung sowie die Beherrschung der Sprache als

---

1 Fragnière, Jean-Pierre: Wie schreibt man eine Diplomarbeit? 6. A., Bern 2003, S. 9.
2 Slapnicar, Klaus: Formalien in einer rechtswissenschaftlichen Diplomarbeit, in: Engel, Stefan/Slapnicar, Klaus (Hrsg.): Die Diplomarbeit, 3. A., Stuttgart 2003, S. 154.

Schlüsselqualifikation. Inhalt, Sprache und Gestaltung vermitteln einen ersten Eindruck der Professionalität und des Engagements. Damit kommt diesen Arbeiten eine Signalwirkung zu.

Wer eine wissenschaftliche Arbeit in Zusammenarbeit mit einer Institution außerhalb der Hochschule erstellt, dem kann sich hieraus die Chance auf eine Einstellung eröffnen. Wird eine Stelle bei der Institution frei, bietet es sich an, diese mit einer Persönlichkeit zu besetzen, die Arbeitsstil, Kreativität und Motivation überzeugend unter Beweis gestellt hat.

2. Die Themenwahl

Bei Seminararbeiten sind die Themen zumeist vorgegeben oder aus einer Themenliste auszuwählen. Weitergehende Freiheiten bei der Themenwahl tun sich bei Diplom- und Doktorarbeiten, Bachelor- und Masterthesis auf. Hier besteht vielfach die Möglichkeit, das Thema selbst zu bestimmen oder an der Umschreibung mitzuwirken.

Die Studierenden sollten nach Möglichkeit das **Thema selbst wählen** oder zumindest auf die Formulierung des Titels Einfluss nehmen. Die Wahl des richtigen Themas ist die halbe Arbeit:

Knüpft ein Thema an Vorkenntnisse an, können die Studierenden viel zielgerichteter vorgehen, als wenn sie sich die Grundlagen erst erarbeiten müssen, um das Thema, seine Reichweite und Problematik zu erfassen. Gleichwohl kann die Erarbeitung eines neuen Gebietes für manchen ein Anreiz, eine Herausforderung sein.

Der Bezug zum angestrebten späteren Berufsfeld kann eine Motivation für die Themenwahl sein. Hier können notwendige Fach- und Methodenkenntnisse erworben und vertieft werden.

Ein interessantes Thema lässt sich ganz anders bearbeiten, als ein nichts sagendes, fremdes Thema. Deshalb werden in den Sozialwissenschaften als wesentliche Aspekte das eigene Interesse und die gesellschaftliche Relevanz genannt.[3] Eine aktuelle, kontrovers diskutierte Fragestellung bietet einen besonderen Leistungsanreiz.

Allerdings darf bei allem Interesse und Engagement nicht vergessen werden, dass das Thema in der zur Verfügung stehenden Zeit zu bewältigen sein muss.

Ein interessantes Thema ohne Kenntnis der Problemlage und des Stands der Diskussion kann seine Tücken haben. Im Laufe der Bearbeitung kann sich zeigen, dass irrige Vorstellungen über den Gegenstand der Bearbeitung

---

3 Schlichte, Klaus: Einführung in die Arbeitstechniken der Politikwissenschaft, 2. A., Opladen 2005, S. 32.

bestanden und die Bearbeitung eine ganz andere Richtung nimmt als ursprünglich gedacht oder es bedarf erheblicher Zeit zur Schaffung der Grundkenntnisse und der ersten Orientierung bevor mit der eigentlichen Bearbeitung begonnen werden kann. Deshalb sollten

- Interesse an einem Thema und
- gewisse Vorkenntnisse zur Thematik

Hand in Hand gehen. Es ist am sichersten, wenn der Themenwahl bereits konkrete Vorstellungen, ein gewisses Konzept zugrunde liegt. Fehlt es an einschlägigen Vorkenntnissen, ist eine Vorrecherche unabdingbar. Um bei der Themenwahl Fehleinschätzungen in Grenzen zu halten, sollte der Gang der Untersuchung geplant und eine Arbeitsgliederung angefertigt werden. Trotzdem können sich bei der späteren Bearbeitung des Themas noch immer unerwartete Fragestellungen und Probleme auftun.

Anregungen zur Themenwahl können aus Lehrveranstaltungen, Literaturstudien und Praxiskontakten gewonnen werden. Die Lektüre von Fachzeitschriften und Tagungsthemen können Anhaltspunkte zu aktuellen Themenkomplexen geben.

Aktuelle Themen mit der Möglichkeit zu wissenschaftlichen Eigenleistungen finden sich oftmals im Zusammenhang mit

- dem Erlass neuer Gesetze oder nach umfassenden Gesetzesänderungen
- neuer Rechtsprechung mit gravierenden Konsequenzen für die Praxis
- Pilotprojekten und Modellversuchen
- Gründung neuer Institutionen
- neuen Aufgabenstellungen der Exekutiven
- aktuellen Ereignissen und Fragestellungen in Gesellschaft und Politik.

Es empfiehlt sich, schon geraume Zeit vor der Befassung mit der Themenwahl Tageszeitungen und Fachzeitschriften auf geeignete Fragestellungen durchzusehen, Material zu sammeln und das Gespräch mit Praktikern zu suchen.

Eine **Literaturrecherche** kann zeigen, dass ein Thema schon häufig bearbeitet wurde. Bei der Bearbeitung dieses Themas wird die Literaturauswertung viel Zeit und Platz beanspruchen. Es fragt sich, ob dem noch Neues hinzugefügt werden kann, ob noch Raum für eine eigenständige wissenschaftliche Leistung ist. Dies stellt sich anders dar, wenn die vorhandene Literatur Lücken in der Argumentation oder Widersprüche aufweist. Ein bereits viel bearbeitetes Thema birgt neue Anreize, wenn es unter neuen Gesichtspunkten, einem spezifischen Blickwinkel[4] oder einer besonderen Fragestellung betrachtet werden soll wie

---

4 Eco, Umberto: Wie man eine wissenschaftliche Abschlussarbeit schreibt, 12. A., Heidelberg 2007, S. 41.

- Vergleich auf internationaler oder EU-Ebene
- gender mainstreaming
- soziale und wirtschaftliche Folgenabschätzung
- adäquate Änderung der Verwaltungspraxis und Verwaltungsorganisation
- Effektivitätskontrolle.

Die besondere Fragestellung muss im Titel der Arbeit zum Ausdruck kommen.

Es kann interessant sein, einen aktuellen Gesamtkomplex aufzuzeigen, in dem verschiedene altbekannte und vielseitig diskutierte Einzelprobleme auftauchen. Der wissenschaftliche Anspruch einer solchen Arbeit kann darin bestehen, eine umfassende Betrachtung der Problemlage aufzuzeigen, die systematische Wertigkeit der bekannten Einzelprobleme herauszuarbeiten, die verschiedenen Lösungsansätze aufzuzeigen und auf ihre Stimmigkeit im Gesamtzusammenhang zu untersuchen.[5]

Die Literatursuche kann auch ergeben, dass es zu einem Thema kaum einschlägige Veröffentlichungen gibt. Dies kann motivieren, eigenständiges Arbeiten unter Beweis zu stellen. Es kann zugleich ein Anzeichen dafür sein, dass ein Thema zu eng geschnitten ist und kaum Raum für themenbezogene Auseinandersetzungen bietet. Deshalb sollten Vorüberlegungen dazu angestellt werden, welche einzelnen Fragen und Problemfelder dieses Thema aufwirft und welche Problemaspekte zu bearbeiten sind.

Den Studierenden stellt sich oftmals die Frage, ob sie eher ein theoretisches oder eher ein praktisch orientiertes Thema für die Arbeit wählen sollen:

Ist ein **Thema** ausgesprochen **praktisch orientiert**, kann die wissenschaftliche Auseinandersetzung verloren gehen, insbesondere wenn sich die Studierenden auf ein bloßes Nacherzählen einer vorgefundenen Situation beschränken. Sie wird gewahrt, wenn es die Studierenden unternehmen, die Praxis auf ihre Rechtmäßigkeit zu überprüfen und zu fragen, welche zweckmäßigen Alternativen sich anbieten. Gerade zur Bearbeitung eines praktischen Themas bedarf es des theoretischen Rüstzeugs. Ein praktisch orientiertes Thema bietet den Vorteil der Anschaulichkeit und weckt die Hoffnung, dass die Arbeit für die Praxis von Nutzen sein kann. Gerade Studierende mit Berufserfahrung können hier eigene Erfahrungen einfließen lassen und die Arbeit praxisnah und ansprechend gestalten. Praxisorientierte Themen halten sich häufig nicht an die Grenzen einer Fachdisziplin. Hier kann fächerübergreifendes Wissen und Methodik gefordert sein.

Ein **theoretisch ausgerichtetes Thema** erhält Praxisbezug, wenn es anhand einer praktischen Fragestellung oder einem in der Praxis aufgetretenen

---

5 Eco, Umberto S. 42; Fragnière, Jean-Pierre S. 6; Tettinger, Peter: Einführung in die juristische Arbeitstechnik, 3. A., München 2003, S. 205 f.

Problemfall erörtert wird. Bei einem theoretischen Thema muss die Praxisrelevanz ein Leitfaden für die Erörterungen sein.[6]

Zur Erarbeitung einer wissenschaftlichen Arbeit müssen die Studierenden mit den erforderlichen **Arbeitsmethoden** vertraut sein.[7] Ein Thema mit juristischen Fragestellungen setzt den Umgang mit der juristischen Methodenlehre voraus. Deren bedarf es, um selbstständig und kritisch mit den einschlägigen Rechtsvorschriften umzugehen, um Zusammenhänge und Weiterungen auf anderen Rechtsgebieten erkennen und fortentwickeln sowie vorgefundene Rechtsansichten hinterfragen zu können. Sie befähigt dazu, fremde Rechtsansichten zu durchleuchten und nicht kritiklos zu reproduzieren. Die Methodenlehre ist das Handwerkszeug des Juristen. Wer damit souverän umzugehen vermag, kann die Arbeit auf ein solides Fundament stellen und ihr eine eigene Gestalt geben. Ohne dieses Handwerkszeug wird die Arbeit an der Oberfläche bleiben und nicht zu einer wissenschaftlichen Eigenleistung gelangen.

Wer eine **empirische Studie** anstellen möchte, muss sich vorab mit der Konzeption und Auswertung vertraut machen. Die erforderlichen Erhebungen beanspruchen erhebliche Zeit und Mühe. Es ist darauf zu achten, dass die Bearbeitungszeit ausreichend bemessen und der Zugang zum Datenmaterial gewährleistet ist. Dies muss vor der Themenwahl abgeklärt sein. Stellt sich erst nach Beginn der Bearbeitungszeit heraus, dass die Daten ganz oder teilweise nicht zugänglich sind, kann es das Aus für eine fundierte Bearbeitung bedeuten.

Wird das **Thema selbst bestimmt,** ist zu berücksichtigen, dass es genügend abgegrenzt wird. Ist das Thema weit gefasst, besteht die Gefahr, dass eine tiefer gehende Bearbeitung im Rahmen der Vorgaben zum Umfang nicht umsetzbar ist. Die Arbeit bleibt dann an der Oberfläche. Obendrein lässt die für die Bearbeitung zur Verfügung stehende Zeit eine wissenschaftliche, in die Tiefe gehende Auseinandersetzung, eine Abwägung der pro- und contra Argumente bei einem zu weit gefassten Thema nicht zu. Die zur Verfügung stehende Zeit und der vorgegebene Umfang der Arbeit sind bei der Themenwahl zu bedenken. Das Thema ist deshalb einzugrenzen, ein Schwerpunkt muss gewählt werden. Es ist eine **Präzisierung des Themas** erforderlich. Diese Präzisierung hat die zur Bearbeitung ausgewählten Bereiche einzugrenzen und von den Bereichen abzugrenzen, die nicht diskutiert werden sollen. Der Titel des Themas ist entsprechend zu ändern oder durch einen Untertitel zu präzisieren. Ein Thema kann nach Zeit und Raum eingegrenzt werden: *Das Mutter-Kind-Programm des Landratsamtes Esslingen im Jahr 2008 auf dem Prüfstand.* Lässt sich das Thema schwerlich im Titel prägnant eingrenzen, muss die Eingrenzung in der Einleitung der Arbeit vorgenommen werden.

---

6 Barthel, Jens: Wissenschaftliche Arbeiten schreiben in den Wirtschaftswissenschaften, Berlin 1997, S. 14.

7 Fragnière, Jean-Pierre S. 24, 33.

Die Eingrenzung eines zu weit gefassten Themas kann erfolgen durch

- Eingrenzung nach Zeit und Ort
- Eingrenzung nach dem Blickwinkel der Untersuchung
- Eingrenzung durch Untertitel.

Bei einem zu eng geschnittenen Thema bestehen umgekehrt die Gefahr und die vermeintliche Notwendigkeit, den vorhandenen Stoff durch überlange oder ausschweifende Ausführungen und Wiederholungen sowie überzogene Gliederungen zu strecken.[8]

Kristallisiert sich das Thema der Arbeit mehr und mehr heraus, ist der **Titel** festzulegen. Der Titel sollte aussagekräftig das Thema widerspiegeln, zur Lektüre der Arbeit anregen und Interesse wecken. Der Titel sollte kurz, prägnant und einleuchtend sein. Ein Untertitel kann den Schwerpunkt, die Zielrichtung der Arbeit und die Abgrenzung wiedergeben.[9] Wird zur Formulierung des Themas ein bestimmter Artikel verwendet wie bei *Die Ursachen und Folgen von Mobbing*, erhebt diese Formulierung den Anspruch, alle Ursachen und Folgen beleuchten zu wollen. Lautet der Titel hingegen *Ursachen und Folgen von Mobbing*, muss nicht auf alle Ursachen und Folgen eingegangen werden.[10]

Ein Thema darf nicht vage oder missverständlich formuliert sein. Das **Thema** muss **aussagekräftig** sein. Es muss so exakt formuliert sein, dass damit bestimmte konkrete Vorstellungen verbunden werden können. Ansonsten besteht die Gefahr, dass sich der Bearbeiter in dem Thema verliert und auf Nebengebiete abschweift.[11] Außerdem besteht das Risiko, dass Bearbeiter und Gutachter ganz unterschiedliche Vorstellungen vom Gegenstand der Arbeit entwickeln. Sieht sich ein Gutachter in seinen Erwartungen an den Inhalt der Arbeit enttäuscht, vermisst er die Befassung mit bestimmten Fragestellungen, wirkt sich dies zwangsläufig auf die Note aus.

Es empfiehlt sich, die Vorstellungen über die Themenwahl und Themeneingrenzung mit den Gutachtern eingehend zu besprechen. Es kann sich herausstellen, dass unterschiedliche Vorstellungen über den Inhalt und die Schwerpunkte des gewählten Themas bestehen. Selbst ein scheinbar eindeutiges Thema eröffnet unter verschiedenen Blickwinkeln, Erfahrungen und Vorkenntnissen ganz unterschiedliche Erwartungen an die Schwerpunktbildung.

Die Wahl und Strukturierung des Themas ist kein einmaliger Akt. Es ist ein fortschreitender Vorgang, der seinen Ausgangspunkt im allgemeinen In-

---

8 Bänsch, Axel: Wissenschaftliche Arbeiten. Seminar- und Diplomarbeiten, 8. A., München 2003, S. 34; Tettinger, Peter S. 207.

9 Seidenspinner, Gundolf: Wissenschaftliches Arbeiten, 9. A., München 1994, S. 37.

10 Schenk, Hans-Otto: Die Examensarbeit. Ein Leitfaden für Wirtschafts- und Sozialwissenschaftler, Göttingen 2005, S. 46.

11 Seidenspinner, Gundolf S. 34.

teresse und Vorwissen hat und von einzelnen noch recht unbestimmten Vorstellungen geprägt ist. Mit zunehmender Beschäftigung mit dem Thema ändern sich dessen Schwerpunkte, Grenzen, Fragestellungen und es ergeben sich neue Probleme und Fragen. Dies erfordert, dass das Thema immer wieder neu durchdacht und formuliert werden muss, um den erforderlichen Raum für die angedachte Darstellung zu geben.[12] Deshalb muss mit der Themensuche frühzeitig begonnen werden.

3. Die Planung

Haben Studierende eine wissenschaftliche Arbeit zu erstellen, stellt sich ihnen die Aufgabe, dass sie

- die Erarbeitung des Themas
- unter Beachtung fachspezifischer Formvorschriften für dessen Darstellung
- innerhalb eines vorgegebenen Zeitrahmens

zu leisten haben. Daraus ergibt sich bereits eine Reihe von **Planungsschritten**, mit denen frühzeitig begonnen werden muss. Ein frühzeitiger Beginn mit der Planung und Vorbereitung empfiehlt sich, da für die Arbeit nur ein gewisser Zeitraum zur Verfügung steht. Dieser Zeitraum sollte von den Studierenden optimal genutzt werden, denn im Verlauf der Erarbeitung können unvorhergesehene Probleme auftreten.

Soweit Vorbereitungen bereits vor der Festlegung des zu bearbeitenden Themas und dem Beginn der Bearbeitungszeit getroffen werden können, sind diese vorher zu erledigen. Damit bleibt die Bearbeitungszeit für die themenspezifischen Arbeiten und die schriftliche Ausarbeitung und Darstellung der Arbeit frei.

3.1. Sachmittel und Kosten

Zu den Vorarbeiten, die vor Ausgabe des Arbeitsthemas erledigt werden können, zählt die Beschaffung der erforderlichen **Sachmittel**:
a. Die aktuellen Formvorschriften der Hochschule über die Erstellung wissenschaftlicher Arbeiten sind, soweit es solche gibt, zu beschaffen. Solche Formvorschriften gibt es regelmäßig für Abschlussarbeiten, kaum jedoch für Seminararbeiten. Die Formvorschriften für Abschlussarbeiten lassen sich in

---

12 Jacob, Rüdiger: Wissenschaftliches Arbeiten – Eine praxisorientierte Einführung für Studierende der Sozial- und Wirtschaftswissenschaften, Opladen 1997, S. 24 f.

einzelnen Punkten auf Seminararbeiten übertragen. Sie sind vor dem Einstieg in die Arbeit durchzusehen.

b. Es sind Din-A4-Ordner oder Register für die Aufbewahrung von Kopien anzuschaffen. Daneben sind weitere Ablagesysteme wie Karteikästen nebst Karteikarten zu besorgen. Farbstifte und Textmarker können hilfreich sein.

c. Die technischen Arbeitsmittel wie Rechner und Drucker nebst Druckerpatrone und Druckerpapier sind zu organisieren, zumindest ist ihre Benutzung sicherzustellen. Die erforderlichen Programme sind zu installieren. Zudem ist zu prüfen, ob die Vorgaben in den Formvorschriften der Hochschule über die Erstellung wissenschaftlicher Arbeiten am PC eingehalten werden können.

Wer Rechner und Drucker der Hochschule benutzen will, sollte sich mit der Benutzungsordnung vertraut machen und in Erfahrung bringen, ob ausreichend Benutzerplätze vorhanden sind. Da solche Einrichtungen gelegentlich nicht betriebsbereit sind oder zu manchen Zeiten alle Benutzerplätze belegt sind, sollte nach einer Ausweichmöglichkeit Ausschau gehalten werden.

d. Die Anzahl und Form der abzugebenden Exemplare ist zu erfragen. Bei Abschlussarbeiten bestehen zumeist strenge Vorschriften, die unbedingt einzuhalten sind. Es ist abzufragen, welcher Copy-Shop die Vervielfältigungen und, soweit erforderlich, das Binden, übernehmen kann und wieviel Zeit dies beansprucht wird. Es sind die Öffnungs- und Urlaubszeiten zu notieren.

Die Anfertigung wissenschaftlicher Arbeiten verursacht **Kosten**. Deshalb sind die finanziellen Mittel für die Beschaffung von Literatur und technischer Hilfsmittel einzuplanen. Es werden Kopierkarten benötigt. Hinzu kommen die Kosten für die Erstellung der Mehrfertigungen der Arbeit und das Binden. Nicht zu unterschätzen sind die Reisekosten zu auswärtigen Bibliotheken, Archiven und anderen Einrichtungen sowie die Nutzung elektronischer Medien.

3.2. Informationsbeschaffung

Die Basis von Büchern sind meistens – Bücher. Das gilt auch für Diplomarbeiten.[13]

Bei der Bearbeitung eines juristischen Themas dreht sich die Materialbeschaffung in erster Linie um das Sichten und Sammeln einschlägiger Fachliteratur und Gerichtsentscheidungen. Diese sind in Büchern, Fachzeitungen und Entscheidungssammlungen zugänglich und können in Bibliotheken sowie Elektronischen Informationssystemen und Datenbanken nachgeschlagen werden.

Bereits zu Beginn und während des gesamten Studiums sollten sich die Studierenden mit diesen Medien und ihrer Handhabung befassen. Wer erst

---

13 Fragnière, Jean-Pierre S. 71.

nach Ausgabe des Themas der wissenschaftlichen Arbeit erste Erfahrungen im Umgang mit diesen Medien macht, verliert wertvolle Bearbeitungszeit.

3.2.1. Bibliotheken

Zur Literaturbeschaffung stehen Bibliotheken zur Verfügung. Es gibt verschiedene **Arten von Bibliotheken**. Sie unterscheiden sich nach der Zusammenstellung ihrer Bestände, dem zugelassenen Benutzerkreis und der Ausgestaltung der Benutzung.

Die Hochschul-, Landes- und Stadtbibliotheken stehen zumeist allen Studierenden offen. Es ist nach den Benutzungsbedingungen zu fragen. Soweit ein Benutzerausweis erforderlich ist, ist dieser zu beantragen. Die Benutzung von Behörden- und Gerichtsbibliotheken ist Mitarbeitern der Einrichtung vorbehalten. Gleichwohl kann im Einzelfall nach rechtzeitiger Vorsprache und Begründung des Anliegens die Benutzung kulanzweise zugelassen werden. Die Benutzung beschränkt sich hier zumeist auf das Lesen und die Auswertung vor Ort.

Nach der Benutzerstruktur lassen sich Bibliotheken unterscheiden in

- Ausleihbibliotheken, die ihre Bestände ausleihen
- Präsenzbibliotheken, die ihre Bestände nicht ausleihen
- Freihandbibliotheken, die ihre Bestände in frei zugänglichen Räumen aufbewahren, während
- geschlossene Bibliotheken mit magazinierten Beständen, die mittels der Kataloge angefordert werden müssen, nicht frei zugänglich sind.

Vor allem in großen Bibliotheken finden sich diese Benutzerstrukturen nebeneinander.

Aktuelle und viel gefragte Werke sind häufig nur als Präsenzbestand vorhanden. Es ist sehr zeitaufwändig, diese Werke im Lesesaal einzusehen und auszuwerten. Manche Werke sind nur einmal oder in wenigen Exemplaren vorhanden. Gerade bei Standardwerken führt dies zu Engpässen. Diese Werke können an andere Benutzer verliehen und für weitere Benutzer vorgemerkt sein. Es ist denkbar, dass sie gerade bei Ausgabe des Themas für die Arbeit nicht zur Verfügung stehen. Hier ist Vorsorge zu treffen. Entweder ist der Band vorzumerken, oder es ist darauf zu achten, dass er in einer anderen Bibliothek erreichbar ist.

Ist ein Werk in der nächst gelegenen Bibliothek nicht erreichbar, besteht die Möglichkeit, es über **Fernleihe** zu erhalten. Die Fernleihe ist gebührenpflichtig und kann sehr zeitaufwändig sein. Es ist für die Bestellung erforderlich, dass möglichst exakte Daten zu dem Werk wie Autor, Titel, Auflage, Erscheinungsjahr, Verlag, ISBN bekannt sind. Nicht immer ist gewährleistet, dass ein Werk über Fernleihe erreichbar ist.

Bibliothekskataloge erleichtern die **Literatursuche in Bibliotheken**. Es finden sich

- Alphabetische Verfasser- und Sachkataloge
- Schlagwort- und Stichwortkataloge
- Systematische Kataloge und Standortkataloge.[14]

Im **Alphabetischen Verfasser- und Sachkatalog** sind alle Titel der Bibliothek alphabetisch nach dem Verfassernamen oder nach dem Sachtitel aufgeführt. Hat ein Werk verschiedene Verfasser, ist es unter dem ersten Verfassernachnamen eingeordnet. Bei mehr als drei Verfassern oder Werken ohne Verfasserangaben findet es sich alphabetisch eingeordnet unter dem Sachtitel oder unter dem Namen der herausgebenden Körperschaft. Suchkriterium sind danach Verfasser- oder Herausgebername oder Sachtitel.

Der **Systematische Katalog** ordnet den Bestand nach sachlichen Oberbegriffen wie Rechtswissenschaften, Sozialwissenschaften. Absteigend vom Oberbegriff Rechtswissenschaften werden dann Untergruppen wie Öffentliches Recht, Privatrecht und weitere Untergliederungen des Öffentlichen Rechts in Verfassungsrecht und Verwaltungsrecht vorgenommen.

Der **Standortkatalog** gibt die Einordnung der Werke im Lesesaal oder dem Entleihsaal und ihre Einordnung in die Regale wieder. Werden die Buchbestände in den Lesesaalregalen und Magazinen systematisch aufgestellt, sind der Systematische Katalog und der Standortkatalog identisch im Sinne eines **Systematischen Standortkataloges.** Der Systematische Standortkatalog führt in den Lesesaal zu Bibliografien und Rechtswörterbüchern, in denen erste Anhaltspunkte für eine weitere Recherche gefunden werden können. Er führt zu Lehrbüchern, Fachzeitschriften und Kommentaren, deren Register nach Stichworten und Paragrafen durchgesehen werden können.

Im **Schlagwort- und Stichwortkatalog** sind alle Titel der Bibliothek alphabetisch nach Sachbegriffen geordnet. Das Stichwort gibt einen Begriff aus dem Titel oder Untertitel eines Werkes wieder. Das Schlagwort umschreibt prägnant den Inhalt eines Werkes. Ein Werk kann sich mehreren Schlagworten zuordnen lassen. Da nicht bekannt ist, nach welchen Schlagworten die Bibliothek ihren Schlagwortbestand aufgebaut hat, ist anhand synonymer Begriffe oder Oberbegriffe die Suche fortzusetzen.

Bei größeren Bibliotheken werden diese verschiedenen Kataloge nebeneinander geführt. Über die vorhandenen Kataloge und ihren Aufbau geben die Benutzerhinweise der Bibliothek Auskunft. Die Kataloge stehen entweder als Karteikartensysteme oder zunehmend als **elektronischer Katalog,** als Online Public Access Catalogue (OPAC) am Bildschirm zur Einsicht offen. Bei manchen elektronischen Katalogen kann Einblick in das Verzeichnis der Begriffe genommen werden, die der Katalogordnung zugrunde liegen. Diese Begriffe sind entweder alphabetisch oder nach Themen sortiert. Dies erleichtert die Schlagwortsuche.

---

14 Brink, Alfred: Anfertigung wissenschaftlicher Arbeiten, 2. A., München 2005, S. 63; Stickel-Wolf, Christine/Wolf, Joachim: Wissenschaftliches Arbeiten und Lerntechniken, 3. A., Wiesbaden 2005, S. 136 ff.

Besonders benutzerfreundlich ist es, wenn am Bildschirm gleichzeitig die Kataloge verschiedener Bibliotheken eingesehen werden können. Übers Internet können zunehmend die Kataloge zahlreicher Bibliotheken eingesehen und Bestellungen aufgegeben werden, wie der virtuelle Katalog der Universitätsbibliothek Karlsruhe *http://www.ubka.uni-karlrsruhe.de*. In Anbetracht der Masse an Publikationen wurden Bibliotheken mit Sondersammelgebieten eingerichtet. Den Zugang zu diesen bietet das WEB BibliotheksInformationsSystem WEBIS, das über *http://webis.sub-uni-hamburg.de* zu erreichen ist.

Ist erst einmal eine Abhandlung zur gesuchten Fragestellung gefunden, finden sich bei deren Lektüre regelmäßig Zitate und Verweise auf andere Literatur und Gerichtsentscheidungen zu demselben Thema. Der Einstieg ist geschafft. Nach dem Schneeballsystem ist die Literaturlawine – rückwärts in die Vergangenheit – in Bewegung geraten.

3.2.2. Graue Literatur

Als graue Literatur werden die **nicht zur Veröffentlichung bestimmten** Manuskripte und **Schriftstücke** von Ministerien, Verbänden und anderen Institutionen sowie Tagungsprotokolle bezeichnet. Diese Materialien sind selten in Bibliotheken zu erhalten. Sie sind bei den Institutionen direkt anzufordern oder dort einzusehen. Die Behördenverzeichnisse von Bund und Ländern und das Internet geben Auskunft über die Adressen. Die Erschließung dieser grauen Literatur erfordert reichlich Spürsinn und viel Zeit bei der Recherche.[15]

Ergiebige Quellen können die umfangreichen Archive der Tageszeitungen und Zeitschriften darstellen. Die Benutzung ist mit diesen direkt auszuhandeln. Nicht ohne Weiteres zugänglich sind Gerichts-, Straf- und Verwaltungsakten.

3.2.3. Statistiken

Statistiken werden von amtlicher und privater Seite zu vielfältigen Themen erhoben. **Private Statistiken** finden sich bei Banken, Versicherungen, Krankenkassen und Meinungsforschern.

Unter den **amtlichen Statistiken** sei das Statistische Jahrbuch des Statistischen Bundesamtes in Wiesbaden neben den Statistischen Jahrbüchern der Länder genannt.[16] Auskunft zu speziellen Statistiken erteilt das Statistische Bundesamt, Gustav-Stresemann-Ring 11, 65180 Wiesbaden, *http://www.*

---

15 Seidenspinner, Gundolf S. 56 f.
16 Wie Statistisches Landesamt Baden-Württemberg, Böblinger Str. 68, 70049 Stuttgart. *http://www.statistik.baden-wuerttemberg.de/*.

destatis.de/jetspeed/portal/cms/. Manche Jahrbücher sind in Bibliotheken erhältlich. Daneben seien genannt:[17]

- Monatsbericht der Deutschen Bundesbank
- Fischer Weltalmanach, jährliches Kompendium
- Statistisches Jahrbuch Deutscher Gemeinden
- Zahlenbericht des Verbandes der privaten Krankenversicherung e. V.
- Eurostat – Mitteilungen, vierteljährliche Daten aus dem statistischen Amt der EU *http://www.eds-destatis.de/*
- Statistical Yearbook, das statistische Jahrbuch der Vereinten Nationen.

3.2.4. Elektronische Datenbanken und Informationssysteme

Informationssysteme und Datenbanken werden von öffentlich geförderten Diensten sowie von kommerziellen Anbietern betrieben.[18] Diese Informationsdienste sind **regelmäßig kostenpflichtig**. Jedoch stellen die Hochschulen manche Informationsdienste ihren Studenten und Studentinnen kostenfrei zur Verfügung. Es gibt mittlerweile eine Vielzahl von Informationsdiensten, die zumeist nach Sach- und Fachgebieten gegliedert sind:[19]

- JURIS – Juristisches Informationssystem für die Bundesrepublik Deutschland GmbH *http://www.juris.de* umfasst eine kostenpflichtige Zusammenstellung der veröffentlichten und teilweise der nicht veröffentlichten deutschen Rechtsprechung, Verwaltungsvorschriften, Rechtsnormen und sonstiger Literatur wie Aufsätze und Bücher. JURIS ist für die Suche nach aktueller Literatur ein ergiebiges Hilfsmittel.
- Beck-online des C. H. Beck Verlages *http://www.beck-online.de* bietet Zugriff auf Gesetze, Rechtsprechung, Zeitschriften und Kommentare des Verlags.
- DATEV – Datenverarbeitungsorganisation der steuerberatenden Berufe in der BRD *http://www.datev.de* bietet eine Zusammenstellung aller steuerlich relevanten Entscheidungen, Verwaltungsanweisungen und Zeitschriftenbeiträge.
- GENIOS – Wirtschaftsdatenbanken *http://www.genios.de* umfasst Wirtschaftspresse, Produkt- und Firmeninformationen, Betriebswirtschaft, Steuer- und Wirtschaftsrecht.
- BIBLIODATA – Sammlung aller bei der Deutschen Bibliothek registrierten selbstständigen Druckwerke – *http://www.ddb.de*.

---

17 Weitere Einzelheiten bei Krämer, Walter: Wie schreibe ich eine Seminar- oder Examensarbeit? 2. A., Frankfurt 1999, S. 49 ff.
18 Weitere Adressen bei Jacob, Rüdiger S. 135 ff.; Krämer, Walter S. 74 ff., 234 ff. und Theisen, Manuel: Wissenschaftliches Arbeiten, 13. A., München 2006, S. 64 f.
19 Kröger, Detlef: Rechtsdatenbanken, München 2001, S. 57 ff.

- NJW – LSK, Leitsatzkartei der Deutschen Rechtsprechung in Druck- und CD-ROM-Version, die neben Gerichtsentscheidungen zu Aufsatztiteln führt. Sie bietet eine umfassende und aktuelle Zusammenstellung von Fachbüchern, Aufsätzen und Gerichtsentscheidungen. Die Entscheidungen und Aufsätze selbst müssen in Bibliotheken eingesehen werden.

Das **Internet** bietet die Möglichkeit breit angelegter Informationsrecherchen. Zahlreiche Bibliotheken und Datenbanken sind bereits an das Internet angebunden. Ihre Bestände können abgefragt und Bestellungen können aufgegeben werden. Über das Internet lassen sich wichtige Adressen erfragen.

Zudem bietet das Internet sehr viele Informationen, was jedoch noch nichts über ihre Qualität aussagt. Ins Internet eingestellte Informationen müssen im Gegensatz zu Fachbüchern und Artikeln in Fachzeitschriften nicht das prüfende Auge eines Verlegers oder Lektorats passieren. Sie sind häufig rein hinweisender und werbender Natur ohne inhaltliche Tiefe. Die Qualitätskontrolle ist Aufgabe des Informationssuchenden wie auch die Überprüfung der Vollständigkeit und Aktualität. Leider ist bei Studierenden häufig die irrige Vorstellung anzutreffen, dass die Suche im Internet die Suche in Bibliotheken ersetzt und die Anfrage bei sachkundigen Institutionen überflüssig macht. Eine reine Internetrecherche genügt auf keinen Fall für die Materialbeschaffung.

Zahlreiche im Buchhandel und in Bibliotheken in Papierform erhältliche Werke gibt es auf **CD-ROM** entweder in Ausschnitten oder als Volltext-Version. Zunehmend finden sich auch Fachzeitschriften auf CD-ROM. Fachzeitschriften werden regelmäßig erst nach Ablauf eines Jahres als CD-ROM-Version angeboten. Folglich müssen aktuelle Beiträge zwischen den Jahren in den Einzelheften nachgelesen werden.

Die Wiedergabe in **Leitsätzen** und Ausschnitten macht es erforderlich, sich das vollständige Werk zu beschaffen. Ansonsten besteht die Gefahr, dass wichtige weiterführende Informationen nicht gesehen werden oder Einschränkungen einer getroffenen Aussage untergehen.

Die Volltext-Version vermag das Buch vollkommen zu ersetzen. Die Anschaffung der CD-ROM kommt aus Kostengründen für Studierende kaum in Frage. Sie haben jedoch zunehmend die Möglichkeit, die CD-ROM-Ausgabe des Werkes in Bibliotheken zu finden und zu benutzen. Die Bibliothekskataloge geben beim jeweiligen Werk darüber Auskunft, ob es als CD-ROM-Version zugänglich ist. Der Umgang mit den CD-ROM-Ausgaben bedarf gewisser Grundkenntnisse über ihren Aufbau und Umgang mit denselben.

3.3. Zeitplan

Wissenschaftliche Arbeiten sind innerhalb eines vorgegebenen Zeitraums zum Abschluss zu bringen. Die Bearbeitungszeit ist zwingend einzuhalten. Im Lauf der Bearbeitung eines wissenschaftlichen Themas passiert es oft, dass die Zeit davon läuft, weil die Literaturbeschaffung und Datenerhebung länger dauert als erwartet oder die Literaturauswertung umfassender ist als angenommen. Die Bearbeitung des Themas kann stagnieren, wenn sich Besprechungstermine nicht wie gewünscht durchführen lassen. Oftmals zeigt sich in der Phase der Ausarbeitung, dass Probleme bislang nicht erkannt worden sind und erneut in die Literaturbeschaffung und deren Auswertung eingetreten werden muss. Besonders fatal ist es, wenn in der letzten Phase der Erarbeitung Arbeitsmittel wie Rechner, Drucker und Kopierer nicht gebrauchsbereit sind.

Wer sich eigene **empirische Untersuchungen** wie Umfragen, Interviews und Datenanalysen zum Ziel gesetzt hat, sollte schon im Vorfeld der Themenwahl Vorsorge treffen, dass die zu befragende Zielgruppe erreichbar ist und die Daten zur Verfügung stehen. Trotzdem können sich bei den weiteren Untersuchungen Probleme ergeben, weil die Mitwirkung Dritter unabdingbar ist und von deren Zeit, Bereitschaft und Zuverlässigkeit abhängt.

Deshalb ist es erforderlich, bei der zeitlichen Planung **ausreichend zeitliche „Puffer"** vorzusehen und nicht zu spät mit der schriftlichen Abfassung der Arbeit zu beginnen. Bei der Sammlung und Sichtung der Literatur erscheint manches als selbstverständlich, vollständig, klar und widerspruchsfrei. Erst bei der schriftlichen Abfassung tun sich Zweifel und Lücken auf. Zumeist lassen sich die Gedanken erst bei der schriftlichen Abfassung klar erfassen und strukturieren. Bei der schriftlichen Abfassung zeigt sich, dass der Bearbeiter Probleme bislang nicht erkannt hat und noch erarbeiten muss, wichtige Materialien aus Literatur und Rechtsprechung übersehen hat und noch beschaffen muss. Es können sich widersprüchliche Prämissen und Meinungen in Literatur und Rechtsprechung ergeben, die noch aufzuarbeiten sind. Hieraus leitet sich das Erfordernis ab, mit der Abfassung der Arbeit nicht zu lange zu warten.

Mit der **Abfassung einzelner Teile** der Arbeit sollten die Studierenden schon **nach einem Drittel der Bearbeitungszeit** beginnen. Sie sollten nicht bis zur vollständigen Materialauswertung warten. Diese wird bei manchen Themen fast nicht möglich sein. Bei Problemen von untergeordneter Bedeutung ist dies gar nicht erstrebenswert. Hier leistet die Arbeit am PC wertvolle Dienste. Es kann beliebig ergänzt und abgeändert werden.

Die Begrenzung der Bearbeitungszeit macht eine **individuelle Zeitplanung** erforderlich. Es sind folgende Arbeitsschritte zu bedenken:[20]

---

20 Rossig, Wofram/Prätsch, Joachim: Wissenschaftliche Arbeiten, 6. A., Weyhe 2006, S. 51; Theisen, Manuel S. 20 ff.

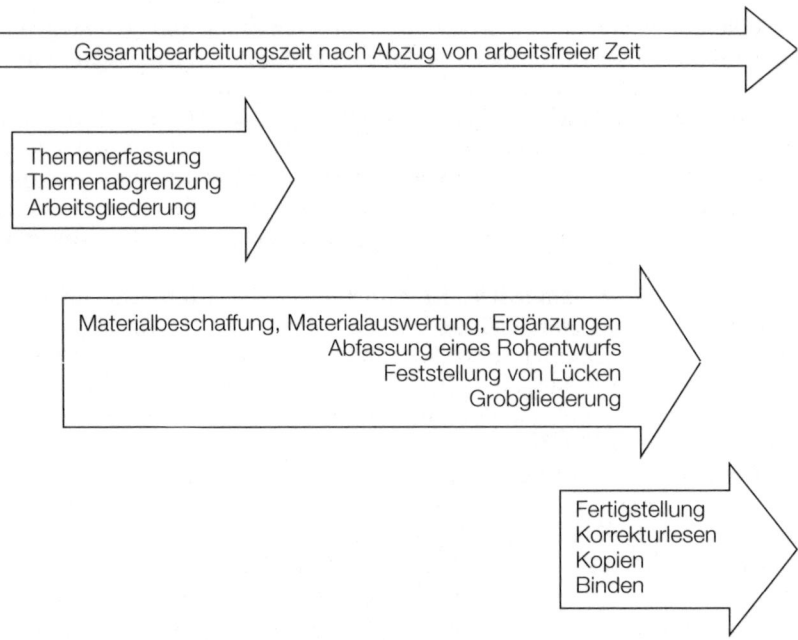

Die vorgestellte zeitliche Planung stellt nur eine Grundplanung dar. Den Besonderheiten des Themas der Arbeit, Schwierigkeiten bei der Materialbeschaffung sowie den individuellen Fertigkeiten beim Ausformulieren der Gedanken, den Schreibfertigkeiten sowie dem Umgang mit Schreib- und Grafikprogrammen kann diese Grundplanung nicht Rechnung tragen. Es ist ein persönlicher Zeitplan zu fertigen. Der Zeitplan ist regelmäßig mit den Arbeitsfortschritten zu vergleichen, um rechtzeitig Korrekturen an der Planung oder dem Arbeitsverhalten vornehmen zu können.

4. Die Manuskriptteile

Wissenschaftliche Arbeiten setzen sich aus verschiedenen Teilen unterschiedlichen Umfangs zusammen.[21] Hierzu können die folgenden Teile gehören:

1. **Vorspann mit**
   - Titelseite
   - Vorwort und Sperrvermerk *soweit erforderlich*
   - Inhaltsverzeichnis

---

21 Gerhards, Gerhard: Seminar-, Diplom- und Doktorarbeit, 8. A., Stuttgart 1995, S. 16 f., 24 ff. mit Mustern.

- Abbildungs- und Tabellenverzeichnis *soweit erforderlich*
- Abkürzungsverzeichnis *soweit erforderlich*
- Literaturverzeichnis

2. **Textteil mit**
   - Einleitung
   - Hauptteil
   - Schlussteil

3. **Nachspann mit**
   - Anlagenverzeichnis und Anlagen *soweit erforderlich*
   - Glossar *soweit erforderlich*
   - Erklärung.

Bei einer Doktorarbeit bedarf es zusätzlich eines Rechtsprechungs- und Stichwortverzeichnisses und eines Lebenslaufs des Verfassers.

Manche Autoren empfehlen die Erstellung weiterer Verzeichnisse zu Gesetzen, Verordnungen und Rechtsprechung.[22] Dies hat sich nicht durchgesetzt. Nur bei einer Doktorarbeit bedarf es eines Stichwort- und Entscheidungsregisters.

Auf den folgenden Seiten sollen die einzelnen Teile, ihr Umfang und ihre Bedeutung kurz vorgestellt werden.

4.1. Titelseite

Die Titelseite einer wissenschaftlichen Arbeit soll zum weiteren Lesen einladen. Sie besteht aus **Angaben** zu

- Hochschule, *an der die Arbeit eingereicht wird*
- Studiengang und Fachrichtung
- Bezeichnung der Art der wissenschaftlichen Arbeit und bei Abschlussarbeiten, zur Erlangung welchen Hochschulgrades *diese eingereicht wird*
- Name und Adresse des Verfassers, *nach dem Hinweis:* vorgelegt von
- Name der Gutachter *mit akademischen Graden*
- vollständiger Titel der Arbeit *mit Untertitel, soweit ein Untertitel zur Präzisierung gewählt wird*
- Thema der Seminarveranstaltung oder des Wahlpflichtfachs, *in deren Rahmen die Bearbeitung erfolgte*
- Studienjahr der Bearbeitung.

Die Titelseite hat sich auf eine Seite zu beschränken. Eine Seitenzahl wird nicht auf der Titelseite angebracht. Es ist wie bei einem Buchwerk darauf zu

---

22 Becker, Fred: Anleitung zum wissenschaftlichen Arbeiten, 4. A., Köln 2004, S. 52 f.

achten, die Titelseite nicht mit überflüssigen Angaben ihres prägnanten Aussagewertes zu berauben. Sie ist die Visitenkarte und das **Aushängeschild der Arbeit**. Sie ist die Seite, die jeder liest.[23]

4.2. Vorwort und Sperrvermerk

Ein Vorwort ist bei einer wissenschaftlichen Arbeit nicht erforderlich. Wer sich für ein Vorwort entscheidet, muss dieses kurz fassen. Eine Seite sollte genügen.

Das Vorwort ist im Gegensatz zur Einführung in den Hauptteil der Arbeit nicht Bestandteil des Textteiles der Arbeit. Im **Vorwort** kann das **besondere Anliegen** genannt werden, das mit der Anfertigung der Arbeit verfolgt wird. Es können **besondere Schwierigkeiten** beschrieben werden, die bei der Anfertigung der Arbeit auftraten. Es kann auf die Unterstützung durch Behörden, Betriebe, Archive und Einzelpersonen hingewiesen werden. Widmungen kommen allenfalls in Doktorarbeiten vor.

Werden in der Arbeit **vertrauliche Daten** einer Person oder einer Organisation verwendet, die der Öffentlichkeit nicht zugänglich gemacht werden sollen, ist dies durch einen **Sperrvermerk** kenntlich zu machen. Für Seminararbeiten werden solche vertrauliche Daten regelmäßig nicht zur Verfügung gestellt. Der Sperrvermerk kann lauten:

Die Diplomarbeit enthält vertrauliche Daten von..... . Veröffentlichungen oder Vervielfältigungen sind ohne ausdrückliche Genehmigung von.....nicht gestattet. Die Arbeit ist nur den Gutachtern und den Mitgliedern des Prüfungsausschusses und dem Prüfungsamt zugänglich zu machen.

Ist ein Sperrvermerk erforderlich, ist er ins Vorwort aufzunehmen oder vor dem Inhaltsverzeichnis auf einer Extraseite anzubringen. Letzteres ist signifikanter und deshalb vorzuziehen.

4.3. Inhaltsverzeichnis und Seitenangaben

Im Inhaltsverzeichnis finden sich die einzelnen Teile und **Gliederungspunkte** der Arbeit **mit Seitenangaben**. Das Inhaltsverzeichnis ist der Schlüssel zur Arbeit und muss die **Grobstruktur** des Inhalts wiederspiegeln.[24] Es ist das verkleinerte Spiegelbild der Arbeit. Die exponierte Stellung am Beginn der Arbeit lohnt den Aufwand einer anspruchsvollen Gestaltung, einer durchdachten Gliederung und prägnanter Aussagen in den Überschriften.

Auf dem linken Teil der Seite werden die einzelnen Teile der Arbeit aus dem Vor- und Nachspann und die Gliederungspunkte des Textteils mit ihren Über-

---

23 Krämer, Walter S. 97.
24 Krämer, Walter S. 103.

schriften aufgeführt, auf dem rechten Teil der Seite stehen die entsprechenden Seitenangaben. Genannt werden die Seiten, auf denen die Gliederungspunkte beginnen. Eine typografische Hervorhebung der Hauptgliederungspunkte oder das Einrücken der Untergliederungen erhöht die Übersichtlichkeit.

Die für die Einteilung der Arbeit verwendeten Begriffe wie Vorspann, Textteil, Nachspann oder Einleitung, Hauptteil, Schlussteil dürfen als Überschriften im Inhaltsverzeichnis nicht auftauchen. Es handelt sich bei diesen Begriffen um formale Einteilungskriterien. Sie stehen hinter der Einteilung, aber nicht im Inhaltsverzeichnis und nicht in den Überschriften. Diese Einteilung muss aus dem Aufbau und der Darstellung des Inhaltsverzeichnisses hervorgehen. An ihrer Stelle müssen aussagefähige Überschriften gewählt werden, die den Inhalt wiedergeben.

Die Titelseite und das Inhaltsverzeichnis selbst werden im Inhaltsverzeichnis nicht aufgeführt. Aufgenommen werden neben dem Vorwort und Sperrvermerk alle dem Inhaltsverzeichnis nachfolgenden Teile der Arbeit.

Die **Seitenangaben** erfolgen in arabischen Zahlen. Nur für den Vorspann werden römische Zahlen verwendet, soweit der Umfang dies überhaupt erforderlich macht. Der Textteil, der Kern der Diplomarbeit, beginnt mit Seite 1. Im Nachspann wird die Seitenzählung des Textteils mit arabischen Zahlen fortgesetzt.[25] Die von manchen Autoren und Hochschulen empfohlene Fortsetzung der Durchnummerierung des Vorspanns im Nachspann mit römischen Zahlen wirkt unübersichtlich.

4.4. Abbildungs- und Tabellenverzeichnis

Abbildungen dienen der **Visualisierung** von Gedanken. Sie stellen Zusammenhänge und Abläufe optisch prägnant dar und lockern die in rechtswissenschaftlichen Arbeiten üblichen „Bleiwüsten im Blocksatz" auf und tragen zur Übersichtlichkeit und Verständlichkeit bei. Abbildungen prägen sich beim Leser ein: *Ein Bild sagt mehr als tausend Worte.*[26] Die anschauliche und einprägsame, selbsterklärende Gestaltung von Tabellen, Grafiken und Schaubildern stellt eine wissenschaftliche Eigenleistung dar.[27] Von inhaltsleeren Abbildungen, wiederholten Darstellungen auch in unterschiedlicher Form und erläuterungsbedürftigen Abbildungen ohne Hinweise ist Abstand zu nehmen.[28]

Das Abbildungs- und Tabellenverzeichnis, auch Darstellungsverzeichnis genannt,[29] benennt alle im Textteil aufgenommenen Abbildungen und Tabellen. Nicht aufzunehmen sind die im Anhang befindlichen Abbildungen und

---

25 Rossig, Wolfram/Prätsch, Joachim S. 99; Theisen, Manuel S. 179.
26 Krämer, Walter S. 117.
27 Zur genauen Bezeichnung Einzelheiten bei Schenk, Hans-Otto S. 129.
28 Schenk, Hans-Otto S. 188.
29 Bänsch, Axel S. 44, Rossig, Wolfram/Prätsch, Joachim S. 108.

Tabellen. Für jede Abbildung und jede Tabelle im Textteil ist eine laufende Nummer und eine Kurzbezeichnung zu vergeben. Diese laufende Nummer und die dazu gehörende Kurzbezeichnung stehen auf dem linken Teil der Seite des Verzeichnisses. Gegenüber dieser Angabe befindet sich auf dem rechten Teil der Seite die entsprechende Seitenangabe. Das Abbildungs- und Tabellenverzeichnis erübrigt sich, soweit keine Abbildungen und Tabellen verwendet werden, wie zumeist in Seminararbeiten.

4.5. Abkürzungsverzeichnis

Im Abkürzungsverzeichnis müssen die in der Arbeit verwendeten Abkürzungen erläutert werden. Zunehmend werden die allgemeinüblichen und allgemeinverständlichen Abkürzungen wie *u. a.,* *bzw.* nicht mehr ins Abkürzungsverzeichnis aufgenommen.

Verwendet werden sollen in wissenschaftlichen Arbeiten nur die im Allgemeinen und in der Fachliteratur **gebräuchlichen** Abkürzungen. Abgekürzte Schreibweisen wie in Gesetzeskommentaren üblich zählen hierzu nicht. Diese ungebräuchlichen Abkürzungen stören den Lesefluss und das Verständnis. Der erzielte Platzgewinn darf nicht auf Kosten der Lesbarkeit gehen. Auf eigene Schöpfungen ist ganz zu verzichten. Abkürzungen müssen in einer wissenschaftlichen Arbeit einheitlich verwendet werden.

Für die üblichen Abkürzungen gibt es eigens Fachbücher. Eine Zusammenstellung findet sich bei

- **Kirchner, Hildebert/Butz, Cornelia:** Abkürzungen für Juristen, 6. A., Berlin u. a. 2007
- Steinhauer, Anja: Duden – Das Wörterbuch der Abkürzungen, 5. A. Mannheim u. a. 2005

Sachdienliche Hinweise können den Abkürzungsverzeichnissen der Standardlehrbücher und der großen Fachzeitungen entnommen werden.

Ins Abkürzungsverzeichnis einer wissenschaftlichen Arbeit gehören fachspezifische Abkürzungen von

- Gerichten wie *AG, LG, OLG, BGH, VerwG, VGH, OVG*
- Entscheidungssammlungen wie *BVerfGE, BGHZ, BVerwGE*
- Fachzeitschriften wie *NJW, MDR, DÖV*
- Gesetzesabkürzungen wie *BGB, VwVfG, VwGO, ZPO, FGG*
- Drucksachen von Bundesrat und Landtag wie *BT-Drs.*

Zulässig sind abgekürzte Angaben bei Kommentaren, damit die Angaben in den Fußnoten diese nicht unnötig aufblähen, wie z. B. *MK* für Münchner Kommentar.

Die Abkürzungsformel steht auf dem linken Teil der Seite. Auf dem rechten Teil der Seite, der Abkürzungsformel gegenübergestellt, findet sich die ausgeschriebene Fassung.

4.6. Literaturverzeichnis

Das Literaturverzeichnis ist ein Spiegel für Aktualität, Umfang und Sorgfalt der Literaturrecherche. Es ist ein Indiz für den wissenschaftlichen Anspruch einer Arbeit.

Das Literaturverzeichnis wird zwar zumeist im Nachspann nach dem Glossar und dem Anhang verortet.[30] Wird es jedoch in den Vorspann aufgenommen, können sich Leser und Gutachter noch vor Lektüre des Hauptteils einen ersten Eindruck über die Aktualität und Vollständigkeit der Literaturauswertung verschaffen.

In das Literaturverzeichnis gehört nur, was als Beleg in Form von Fußnoten in der Arbeit auftaucht.[31] An manchen Hochschulen ist es üblich, weitere einschlägige Literatur aufzunehmen. Dies führt dazu, dass das Literaturverzeichnis ausgeweitet wird und die Arbeit so mehr verspricht, als sie zu halten vermag. **Nicht** in das Literaturverzeichnis gehören

- Drucksachen von Bundestag und Bundesrat
- Gesetzesblätter und Gesetzessammlungen
- Gerichtsentscheidungen in Entscheidungssammlungen und Fachzeitschriften.

Als nicht wissenschaftlich und damit nicht zitierfähig gelten Skripte, Zeitungen und Magazine. Ausnahmsweise können diesen Werken relevante Informationen entnommen werden, die einem wissenschaftlichen Standard genügen.

Für die Gestaltung des Literaturverzeichnisses sind gewisse Darstellungsweisen üblich, ohne dass jedoch eine einheitliche oder verbindliche Darstellungsweise anzutreffen ist. Im Zweifel hilft die Frage nach dem Zweck eines Literaturverzeichnisses weiter: Es soll gewährleisten, dass die Literatur so eindeutig bezeichnet wird, damit Gutachter und Leser sie ohne Weiteres auffinden und nachschlagen können.

4.6.1. Lehrbücher und Monografien

Bei Lehrbüchern und Monographien wird weithin nach dem **Autor-Titel-Auflage-Erscheinungsort-Erscheinungsjahr-System** dargestellt, wie das folgende Beispiel veranschaulicht: *Emmerich, Volker: Kartellrecht, 10. A., München 2006.*

Amts- oder Berufsbezeichnung und akademische Titel des Autors werden nicht genannt. Der vollständige Vorname kann weggelassen werden

---

30 Engel, Stefan/Preißner, Andreas: Promotionsratgeber, 4. A., München u. a. 2000, S. 271.
31 A. A. Standop, Ewald/Meyer, Matthias: Die Form der wissenschaftlichen Arbeit, 17. A., Wiesbaden 2004, S. 67.

oder der Anfangsbuchstabe ist zu nennen, wenn keine Verwechslungsgefahr besteht.

Zunehmend findet sich die Übung, für jedes Werk eine abgekürzte Zitierweise für den Titel oder das Erscheinungsjahr im Literaturverzeichnis und in den Fußnoten aufzunehmen. Dies trägt nicht zur Übersichtlichkeit und Verschlankung der Arbeit bei und sollte deshalb auf die Fälle einer Verwechslungsgefahr beschränkt bleiben.[32] Diese Verwechslungsgefahr besteht, wenn ein Autor mehrere Werke geschrieben hat, die in der Arbeit angeführt werden. Hier ist im Literaturverzeichnis eine abgekürzte Zitierweise anzugeben, die später in den Fußnoten des Hauptteils verwendet wird wie *Brox, Hans: Besonderes Schuldrecht, 32. A., München 2007 (zit. Brox, H., BT)*.

Stammt das Werk von **mehreren Verfassern**, werden deren Namen mit Schrägstrichen getrennt nacheinander aufgeführt. Daraus lässt sich erkennen, dass es sich um keine Doppelnamen handelt, z. B. *von Münchhausen, Marco/Püschel, Ingo: Schuldrecht Besonderer Teil I, 14. A., München 2005*. Doppelnamen werden mit Bindestrich geschrieben.

Hat ein Buch mehr als drei Verfasser, werden nicht mehr als die ersten drei Autorennamen genannt, gefolgt von dem Zusatz *u. a.* Es genügt bereits die Angabe des erstgenannten Autors mit dem Zusatz *u. a.*

Bücher von mehreren Autoren nennen häufig keinen Autorennamen, sondern den oder die **Herausgeber**. Dies ist durch den Zusatz *(Hrsg.)* kenntlich zu machen. Der Herausgebername steht anstelle der Namen der Autoren gefolgt vom Herausgeberkürzel in Klammern, z. B. *Maier, Walter/Hopp, Helmut/Ziegler, Eberhard (Hrsg.): Mut zur Veränderung. Festschrift für Jost Goller Stuttgart u. a. 2005*. Manchmal nennt ein Herausgeberwerk auch den Verfasser. Es ist zuerst der Verfassername und der Sachtitel zu nennen. Nach einem Komma und dem Hinweis *in:* folgt der Herausgebername mit dem Hinweis *(Hrsg.)*, z. B: *Obermayer, Klaus: Kommentar zum Verwaltungsverfahrensgesetz, in: Fritz, Roland (Hrsg.), 3. A., Neuwied u. a. 1999*. Es wird empfohlen, solche Werke sowohl unter dem Verfassernamen wie auch unter dem Herausgebernamen aufzuführen. Notwendig ist es aber nicht.[33]

Wurden Werke von einer Körperschaft erarbeitet, wird diese als Herausgeber genannt, z. B. *Bundesministerium für Familie, Senioren, Frauen und Jugend (Hrsg.): 20-jährige Frauen und Männer heute: Lebensentwürfe, Rollenbilder, Einstellungen zur Gleichstellung, Berlin 2007*.

Auf den Namen des Verfassers oder die Herausgeberangabe folgt nach einem Doppelpunkt der Titel des Werkes, wie er dem Titelblatt zu entnehmen ist. Ist zusätzlich zum Titel ein **Untertitel** aufgeführt, ist dieser – soweit er aus inhaltlicher Sicht wichtig ist – ebenfalls zu nennen. Er folgt auf den Haupttitel durch Doppelpunkt, Punkt oder Komma getrennt, soweit auf dem Titel-

---

32 Kleinhenz, Holger/Deiters, Gerhard: Klausuren, Hausarbeiten, Seminararbeiten, Dissertationen richtig schreiben und gestalten, Köln 2005, S. 47 ff.

33 Theisen, Manuel S. 194.

blatt kein anderes Satzzeichen vermerkt ist. Ist der Untertitel sehr lang, kann er durch... gekürzt werden.

Bei Dissertationen ist das Kürzel *Diss.* sowie das Promotionsjahr, die Hochschule und der Promotionsort anzugeben, z. B. *Hemke, Katja: Methodik der Analogiebildung im öffentlichen Recht, Universität Freiburg, Diss. 2004.*

Nach dem Sachtitel ist, soweit ein Werk in mehreren **Auflagen** erschienen ist, die aktuelle Auflage zu nennen.[34] Handelt es sich um die erste Auflage, wird diese nicht aufgeführt. Wird ein Werk ohne Auflage angeführt, versteht es sich von selbst, dass es sich um die erste Auflage handelt. Es ist immer mit der aktuellsten Auflage zu arbeiten. Nur ausnahmsweise genügt die Angabe einer früheren Auflage, wenn es auf die dort gemachten Angaben ankommt, die in einer späteren Auflage nicht mehr erscheinen.

Nach der Auflage werden üblicherweise das **Jahr** und der **Erscheinungsort**[35] genannt. Sind mehrere Erscheinungsorte genannt, genügt die Angabe des ersten Erscheinungsortes mit dem Vermerk *u. a.* Fehlen Angaben zum Erscheinungsjahr oder Erscheinungsort genügen die Angaben *o. J.* für *ohne Jahr* und *o. O.* für *ohne Ort*.

Zumeist werden weder der Verlag noch die **Schriftenreihe** genannt, in der ein Werk erschienen ist. Diese Übung ist zu bedauern, da diese Angaben das Auffinden eines Werkes erheblich erleichtern.[36] Ausnahmsweise ist die Schriftenreihe bei gezählten Serien mit einem übergeordneten Gesamttitel zu nennen. Nach dem Stücktitel des Werkes folgt der Gesamttitel der Serie und danach die Bandzahl, z. B. *Thormann, Martin: Abstufungen in der Sozialbindung des Eigentums. Marburger Schriften zum öffentlichen Recht, Bd. 11, Stuttgart 1996.*

Wird ein **mehrbändiges Werk** zitiert, folgt die Bandangabe ... *Bde.* vor Auflage, Jahr und Erscheinungsort. Bezieht sich die Angabe auf einen bestimmten Band und nicht auf die Bandanzahl insgesamt, wird dies durch *Bd.* ... deutlich gemacht, z. B. *Tilch, Horst/ArlothFrank (Hrsg.): Deutsches Rechtslexikon, 3 Bde., 3. A., München 2001. Von Münch, Ingo/Kunig, Philip (Hrsg.): Grundgesetzkommentar, Bd. 3, 5. A., München 2003.*

Erscheinen auf der Titelseite eines Bandes einer mehrbändigen Ausgabe nicht nur der übergeordnete Titel der **Gesamtausgabe**, sondern auch ein Stücktitel, so wird zuerst der Titel der Gesamtausgabe genannt, dann die

---

34 Putzke, Holm: Juristische Arbeiten erfolgreich schreiben, München 2007, S. 66 sieht statt der Auflage die Angabe des Erscheinungsjahres vor.

35 Diese Angabe ist allerdings für das Auffinden des Werkes nicht besonders hilfreich.

36 Ebenso Eco, Umberto S. 85; Franck, Norbert: Lust starr Last: Wissenschaftliche Texte schreiben, in: Franck Norbert/Stary, Joachim (Hrsg.): Die Technik wissenschaftlichen Arbeitens, 12. A., Paderborn 2006, S. 184 führt Erscheinungsort und Verlag an.

Bandzahl mit dem Hinweis *Bd.* und nach einem Doppelpunkt oder Komma der Stücktitel.

Literatur auf CD-ROM wird zitiert wie Bücher. Diese ist unveränderlich und bedarf deshalb keiner weiterer Angaben und keiner Ausdrucke im Anhang, wie es bei Literatur aus dem Internet der Fall ist.[37]

4.6.2. Kommentare

Kommentare tragen einen Namen und zumeist einen Titel. Sie werden unter diesem Namen im Literaturverzeichnis aufgenommen. Es kann der Name eines von vielen Autoren sein, dessen Vorname nicht genannt wird wie *Staudinger* oder ein Sachname wie *Münchner Kommentar*. Ansonsten sind dieselben Angaben zu machen wie oben bei Lehrbüchern und Monografien erläutert, z. B. *Palandt: Bürgerliches Gesetzbuch, 67. A., München 2008.*

Manche Loseblatt-Kommentare und Sammelwerke erscheinen nicht in Neuauflagen, sondern werden durch Ergänzungslieferungen aktualisiert. Anstelle der Auflage sind die jüngste Ergänzungslieferung und der Stand zu bezeichnen. Beide Angaben befinden sich am Anfang der Loseblattsammlung in einer eigens dafür vorgesehenen Tabelle, z. B. *Kösters, Winfried (Hrsg.): Erfolgreiche Kommunalpolitik, 2. A. Stuttgart, 27. Lieferung, Stand September 2007.*

4.6.3. Aufsätze

Aufsätze erscheinen in **Festschriften, Zeitschriften** und **sonstigen Sammelwerken**. Aufgeführt wird der Autor und Titel des Aufsatzes mit der genauen Fundstelle. Die Sammelwerke selbst können zudem im Literaturverzeichnis genannt werden. Ein Muss ist es nicht.[38]

Aufsätze in Fachzeitungen werden mit den folgenden Angaben in das Literaturverzeichnis aufgenommen: *Schmidt, Detlev: Die Entwicklung des Betäubungsmittelstrafrechts bis Mitte 2007, in NJW 2007 S. 3252–3262.* Es sind anzugeben:

- Name des Autors
  nach Komma
- Vorname des Autors, dessen Anfangsbuchstabe genügen kann
  nach einem Doppelpunkt

---

37 Engel, Stefan/Preißner, Andreas S. 272.
38 Für Doppelnennung Kropp, Waldemar/Huber, Alfred: Studienarbeiten interaktiv, Berlin 2006, S. 64; Lück, Wolfgang: Technik des wissenschaftlichen Arbeitens, 9. A. 2003, S. 83; Theisen, Manuel S. 194 f.; einschränkend Karmasin, Matthias/ Ribing, Rainer: Die Gestaltung wissenschaftlicher Arbeiten – Ein Leitfaden für Haus-, Seminar- und Diplomarbeiten sowie Dissertationen, 2. A., Wien 2006, S. 104 – Doppelnennung nicht bei Festschriften.

- Titel des Aufsatzes
  nach Komma folgt der Hinweis in:
- Zeitschriftentitel, soweit üblich in abgekürzter Form, sowie
- Angabe der Anfangs- und Endseite des Aufsatzes in arabischen Zahlen, Heftnummer oder Datum, soweit keine durchgehende Seitennummerierung.

Bei Festschriften, Jahrbüchern und anderen Sammelwerken ist nach Nennung des Autors und des Titels des Aufsatzes anzugeben, in welchem Gesamtwerk der Aufsatz erschienen ist, z. B. *Schnur, Peter: Die Reform der Grundsteuer, in: Maier, Walter/Hopp, Helmut/Ziegler, Eberhard (Hrsg.): Mut zur Veränderung. Festschrift für Jost Goller, Stuttgart u. a. 2005, S. 271–279.* Anstelle der oben beschriebenen Nennung der Fachzeitung sind anzugeben:

- Name des Herausgebers des Gesamtwerks mit dem Herausgeberkürzel *(Hrsg.)*
  nach Doppelpunkt
- Titel des Sammelwerks
  nach Komma
- Erscheinungsort
- Erscheinungsjahr
  nach Komma
- Angabe der Anfangs- und Endseite des Aufsatzes.

Enthält das Sammelwerk, dem der Aufsatz entnommen ist, eine Bandzählung, erscheint die Bandzahl in arabischen Ziffern nach dem Titel des Gesamtwerks, ohne dass der Hinweis *Bd.* erfolgen muss. Das Erscheinungsjahr bzw. das Erscheinungsdatum kann nach einer Bandangabe in Klammern gesetzt werden.

4.6.4. Literaturbelege aus zweiter Hand

Ausnahmsweise können Materialien genannt werden, die dem Bearbeiter nicht vorlagen und trotz Ausschöpfung aller denkbaren Möglichkeiten nicht zu erlangen waren. Dies ist kenntlich zu machen: Nach Angabe des vollständigen Verfassernamens und des Sachtitels folgt der Vermerk *zit. in* und die vollständigen Angaben des Werkes, aus dem die Quelle stammt. Damit erkennt der Leser, dass die Quelle dem Bearbeiter selbst nicht vorlag, sondern dieser die Quelle einem anderen, näher bezeichneten Werk entnommen hat.

Da der Verfasser der wissenschaftlichen Arbeit die Quelle nicht selbst gelesen und ausgewertet hat, birgt diese Vorgehensweise die Gefahr von Verfälschungen. Eine Überprüfung der Literaturangabe konnte nicht erfolgen. Sie werden blind und ungeprüft übernommen. Daher ist der Name Blindzitate für diese Literaturbelege gebräuchlich. Diese sind tunlichst zu vermeiden.

4.6.5. Literatur aus dem Internet

Bei Literatur aus dem Internet sind neben den oben erläuterten Verfasser- und Titelangaben noch das Datum des Abrufs und die vollständige Internet-Adresse anzugeben. Um den dauerhaften Zugriff auf die Quelle zu gewähr- leisten, ist ein **Ausdruck** zu fertigen und als **Anlage im Anhang** anzuschlie- ßen. Der URL-Hinweis ist entbehrlich.[39]

Ohne den Ausdruck besteht die Gefahr, dass die Quelle schon nach kur- zer Zeit nicht mehr im Internet aufzufinden ist oder mittlerweile in einer ab- geänderten Fassung vorliegt.

4.6.6. Gliederung des Literaturverzeichnisses

Das Literaturverzeichnis ist durchgehend alphabetisch nach den Nachnamen der Verfasser oder Herausgeber aufzulisten. Ein Sachtitel ohne Verfasser- name wird ebenfalls alphabetisch eingeordnet, wobei der bestimmte oder unbestimmte Artikel unberücksichtigt bleibt.

Soweit mehrere Werke eines Autors vorkommen, sind diese chronolo- gisch zu ordnen. Es wird mit der jüngsten Veröffentlichung begonnen.[40] Die abgekürzte Zitierweise darf nicht vergessen werden. Soweit der mehrfach ge- nannte Autor Mitautor eines Werkes ist, ist dieses Werk in Mitautorenschaft nach den Einzelwerken aufzuführen.

Bei umfassenden Literaturverzeichnissen bilden manche Autoren Litera- turgruppen[41] wie

- Lehr- und Fachbücher, Monografien
- Aufsätze
- Kommentare.

Diese Unterscheidung ist der Literatursuche nicht dienlich. In Zweifelsfällen muss der Leser alle Literaturgruppen durchsehen. Das durchgehend alpha- betisch geordnete Literaturverzeichnis ist vorzuziehen.

4.7. Einleitung

Die Einleitung ist im Gegensatz zum Vorwort ein Element des Hauptteils der Arbeit. Sie hat die Funktion, die Leserschaft auf das Thema und seine Bear- beitung vorzubereiten. Sie soll Interesse an der weiteren Lektüre der Arbeit wecken und den Rahmen der Arbeit abstecken, um dem Leser eine Vorstel- lung zu verschaffen, was folgen wird.

---

39 Standop, Ewald/Meyer, Matthias S. 88; Theisen, Manuel S. 201; a. A. Karmasin, Matthias/Ribing, Rainer S. 113.
40 A. A. Schenk, Hans-Otto S. 198 beginnt mit der ältesten Veröffentlichung.
41 Schenk, Hans-Otto S. 93.

Als Überschrift sollte ein anderer Begriff als Einleitung gewählt werden. Die Überschrift sollte eine Aussage zum Inhalt der Einleitung enthalten wie *Problemstellung, Gang der Untersuchung oder Untersuchungsgegenstand.* Als „Notlösung" kommt *Einführung* in Betracht.

Die Einleitung bietet Platz für eine Einführung in die Geschichte des Themas oder erlaubt, anhand eines aktuellen Ereignisses die Bedeutung des Themas aufzuzeigen. Es kann eine Vorstellung des Themas erfolgen und eine Abgrenzung zu verwandten Fragestellungen. Es bietet sich an, den Gang der Bearbeitung zu erläutern oder die der Gliederung zugrunde liegenden Überlegungen darzustellen.

Es ist am Anfang der Arbeit, ob nun in der Einleitung oder zu Beginn des Hauptteils, das **erkenntnisleitende Interesse** und damit das Ziel und der Zweck der Arbeit herauszuarbeiten und darzustellen. Das erkenntnisleitende Interesse ist die übergeordnete Idee der Arbeit, der sich der Bearbeiter verschrieben hat. Es ist die Idee, die hinter dem Thema steht, das im Thema zum Ausdruck kommen soll und das Ziel, das der Bearbeiter zu erreichen sucht.

Dieses erkenntnisleitende Interesse bildet den **Leitfaden für den Gang der Erarbeitung.** Nur was zur Erarbeitung des erkenntnisleitenden Interesses dient, was Schritt für Schritt auf dieses Ziel zuführt, gehört in den Hauptteil der Arbeit. Alles was nicht dazu gehört, **muss** weggelassen werden. Das erkenntnisleitende Interesse bestimmt die Arbeitsschritte, die von der Fragestellung zum Ergebnis der Arbeit führen und damit den inneren Aufbau und die äußere Gliederung. Es muss sich als roter Faden durch die Arbeit ziehen. Das erkenntnisleitende Interesse hilft dem Bearbeiter und dem Leser, den roten Faden nicht zu verlieren. Diese leitende und eingrenzende Funktion kann das erkenntnisleitende Interesse nur erfüllen, wenn es zu Beginn der Arbeit dargestellt wird.

Die **Gliederung** spiegelt Aufbau und Schwerpunkte der Arbeit wider und hat damit eine verständnisfördernde Funktion. Es erleichtert dem Leser das Verständnis der Arbeit, wenn von vornherein eine Vorstellung besteht, welche Überlegungen der Gliederung zugrunde liegen, welche Schwerpunkte die Arbeit aufweist und wie diese zusammenhängen. Deshalb empfiehlt es sich, die Gliederung in der Einleitung zu erläutern. Dies darf jedoch nicht mit einem bloßen Nacherzählen der Gliederung verwechselt werden.[42] Denn diese kann im Inhaltsverzeichnis nachgelesen werden.

Die Einleitung sollte **folgenden Gesichtspunkten Rechnung** tragen:[43]

- Hinführung zum Thema und dessen Abgrenzung
- Erläuterung des erkenntnisleitenden Interesses
- Erläuterung der Schwerpunkte der Gliederung.

---

42 Theisen, Manuel S. 132.
43 Schenk, Hans-Otto S. 183 ff.; Schlichte, Klaus: Einführung in die Arbeitstechniken der Politikwissenschaften, 2. A., Opladen 2005, S. 37 ff.

Die Einleitung hat eine sehr umfassende Aufgabe zu erfüllen und darf deshalb viel Raum einnehmen. Das steht nicht im Widerspruch zu der Aussage, dass die Einleitung prägnant sein soll. Sie hat eine umfassende Aufgabe in prägnanter Weise zu erfüllen, ohne den Hauptteil der Arbeit schon vorweg zu nehmen. Deshalb kann es sich empfehlen, sie weiter zu untergliedern.

4.8. Hauptteil

Der Hauptteil beinhaltet die schrittweise und eingehende Erarbeitung des Themas. Seine Problematik wird entwickelt und einer Lösung zugeführt. Hierzu ist bei juristischen Problemstellungen eine Auseinandersetzung mit der einschlägigen Rechtsprechung und Literatur erforderlich. Die Ansicht von Rechtsprechung und Literatur ist durch Zitate zu belegen. Die Auseinandersetzung erfolgt durch Abwägung der für und gegen jede Ansicht sprechenden Argumente. Ist eine Lösung erarbeitet, gehört es dazu, die hieraus erwachsenden Konsequenzen darzustellen. Zur Abrundung des Themas gehörige Fragestellungen sind einzuarbeiten.

Der **Aufbau** des Hauptteils hat sich am Ziel einer aus sich heraus verständlichen Darstellung der Problematik zu orientieren. Der Hauptteil bedarf in sich wiederum einer eingehenden gedanklichen Gliederung. Der gedanklichen Gliederung hat eine äußere Gliederung in Abschnitte mit eigenen Überschriften zu entsprechen. Die verschiedenen Gliederungspunkte sind durch geeignete Übergänge und Erläuterungen so zu verbinden, dass der Leser ihren inneren Zusammenhang erkennen kann. Jeder Gliederungspunkt muss gedanklich auf dem vorhergehenden aufbauen, in einem inneren Zusammenhang mit diesem stehen. Dieser innere Zusammenhang gewinnt Konturen, wenn eine kurze Erläuterung diesen Zusammenhang explizit ausspricht.

Studierende neigen dazu, eigene Ansichten und Wertungen zur herrschenden Meinung in Literatur und Rechtsprechung oder der Verwaltungspraxis erst im Schlussteil zu bringen. Damit geht der Zusammenhang zu den Ausführungen im Hauptteil verloren. Die eigenen Gedanken erhalten nicht den ihnen zukommenden Stellenwert. Im Schlussteil kann der Verfasser sie nicht mehr vertieft betrachten und auf ihre Konsequenzen hin untersuchen. Deshalb ist es vorzuziehen, diese eigenen Ansichten, Wertungen und Feststellungen und die hieraus entwickelten, weiterführenden Gedanken in den Hauptteil aufzunehmen. Der Schlussteil kann sich dann auf eine Zusammenfassung der Ergebnisse oder einen Ausblick beschränken.

4.9. Schlussteil

Der Schlussteil der Arbeit rundet diese ab.[44] Er kann eine rückblickende thesenartige **Zusammenfassung** des Hauptteils oder eine zusammenfassende Bewertung der gewonnenen Ergebnisse beinhalten. Es kann ein **Ausblick** in die sich zukünftig abzeichnende Entwicklung der abgehandelten Problematik unternommen werden. Ein Hinweis auf sich daraus eröffnende weiterführende Fragestellungen kann angezeigt sein. Der Schlussteil kann eine zusammenfassende explizite Antwort auf die in der Einführung aufgeworfene Fragestellung, das als roter Faden durch die Arbeit führende erkenntnisleitende Interesse, geben.

Leser und Gutachter sollen den Eindruck gewinnen, dass alles Wesentliche gesagt ist, nichts offen geblieben ist und der Kreis der Fragen und Gedanken geschlossen ist, das erkenntnisleitende Interesse also befriedigt wurde.

Die Überschrift des Schlussteils sollte die nichts sagende Bezeichnung als Schlussteil vermeiden. Die Überschrift sollte dem Inhalt entsprechen wie *Zusammenfassung, Ausblick, Rückblick*.

4.10. Glossar

Die in der Arbeit verwendeten technischen Fachausdrücke und Fremdwörter bedürfen der Erläuterung im Glossar. Ein Glossar ist nur anzulegen, soweit in der Arbeit mehrere solcher Begriffe vorkommen. Haben nur wenige **Fachausdrücke und Fremdwörter** Aufnahme in die Arbeit gefunden, empfiehlt es sich, diese im Textteil unmittelbar beim Begriff zu erläutern. Soweit es dem Verständnis förderlich ist, sollte der Verfasser den Begriff ohnehin im Textteil angemessen umreißen. Werden zu viele Fremdwörter verwendet, kann dies ein Hinweis darauf sein, dass mit diesen Begriffen zu großzügig verfahren wurde. Bei manchen Themen lassen sich Fachausdrücke und Fremdwörter jedoch nicht vermeiden. Eine Arbeit zum Handelsrecht kommt kaum ohne kaufmännisches Fachjargon aus.

Dem Fachausdruck auf dem linken Teil der Seite ist auf dem rechten Teil der Seite eine prägnante Umschreibung gegenüber zu stellen. Fremdwörterbücher geben Hinweise auf gängige Umschreibungen.

---

44 Schenk, Hans-Otto S. 190; einschränkend Franck, Norbert/Stary, Joachim S. 153 halten einen Schlussteil für entbehrlich, wenn dieser nur Wiederholungen enthält.

4.11. Anlagenverzeichnis und Anlagen

Den Anhang bilden die Anlagen und diesen vorangestellt ein **Anlagenver-zeichnis**.[45] Hierher gehören Unterlagen, die **für** die **Entwicklung und Bele-gung der Arbeit** bedeutsam sind, gleichwohl wegen ihres Umfangs in den Textteil der Arbeit keine Aufnahme finden können und für das Verständnis im Textteil nicht zwingend erforderlich sind. Umfangreiche Tabellen, Frage-bögen, Auswertungen, Statistiken, Interviews und Korrespondenzen eignen sich für den Anhang, damit sie nicht den Hauptteil „sprengen". Soweit Ta-bellen und Abbildungen in den Anhang gestellt werden, dürfen sie nicht in das Tabellen- und Abbildungsverzeichnis aufgenommen werden.

Die Platzierung im Hauptteil hat andererseits den Vorteil, dass für den Leser der Zusammenhang gewahrt bleibt und kein umständliches Hin- und Herblättern erforderlich ist. Werden Unterlagen in den Anhang gestellt, ist im Textteil der Arbeit, in dem es um diese Unterlagen geht, ein exakter **Ver-weis** auf den Anhang anzubringen.

Es ist die Tendenz zu beobachten, eine Vielzahl von Anlagen ohne Rück-sicht auf den Inhalt und dessen Aussagekraft aufzunehmen. Dies geht bei vie-len Studierenden so weit, dass der Anlagenteil den Textteil bei weitem über-trifft. Dabei bleibt die Frage außer Betracht, ob die einzelne Anlage über-haupt notwendig ist, eine eigenständige inhaltliche Aussage enthält und den Inhalt der Arbeit ergänzt. Es entsteht beim Leser und Gutachter der Ein-druck, dass der Verfasser Wesentliches von Unwesentlichem nicht zu unter-scheiden vermag und durch substanzlose Masse Fülle erzeugen will, die ohne inhaltliche Aussage ist.

Nicht hierher gehören **Rechtsvorschriften** und **Gerichtsentscheidungen**, die in Fachzeitungen oder Entscheidungssammlungen zugänglich sind. Auch Aufsätze aus Fachzeitschriften sind **nicht** in den Anhang aufzunehmen. Der Leser kann sie dort selbst nachsehen. Es genügt das Zitat der Quelle. In den Anhang gehören historische Rechtsquellen oder schwer zu beschaffende aus-ländische Gesetzestexte sowie völkerrechtliche Vereinbarungen, die nicht ohne Weiteres bekannt und zugänglich sind.

In den Anhang gehören Materialien aus dem Internet oder aus Rechtspre-chungsdatenbanken, auf die im Textteil der Arbeit Bezug genommen wurde. Um den Anhang überschaubar zu halten, sollte bei Internetquellen geprüft werden, ob diese nicht anderweitig belegt werden können.

Jede Anlage ist mit einer **Anlagennummer** und einer prägnanten Über-schrift zu versehen und in die laufende Seitenzählung aufzunehmen. Den An-lagen ist ein Anlagenverzeichnis voranzustellen. Es enthält nach der Num-mer der Anlage, deren Überschrift und die Seitenangabe.

---

45 Rossig, Wolfram/Prätsch, Joachim S. 107 lassen den Anhang direkt auf den Text-teil der Arbeit folgen.

Das Anlagenverzeichnis kann im Vorspann nach dem Inhaltsverzeichnis Aufnahme finden. Von den meisten Autoren wird das Anlagenverzeichnis im Nachspann den Anlagen vorangestellt. Im Inhaltsverzeichnis genügt dann der Hinweis *Anhang* mit Seitenangabe, ohne dass die einzelnen Teile benannt werden müssen.[46]

4.12. Erklärung

Am Ende jeder wissenschaftlichen Arbeit ist eine eigenhändig unterschriebene Erklärung anzubringen, wonach der Verfasser die Arbeit selbstständig und nur unter Verwendung der angegebenen Quellen und Hilfsmittel angefertigt hat. Mit der Erklärung wird der Zweck verfolgt, die Fertigung von Plagiaten, den Diebstahl an fremden geistigen Werken zu verhindern. Gleichzeitig soll diese Erklärung die **Eigenständigkeit der Arbeit** hervorheben.

Ich versichere, dass ich diese ... arbeit selbstständig und nur unter Verwendung der angegebenen Quellen und Hilfsmittel angefertigt habe. (Ort, Datum, Unterschrift).

Neben der eigenhändigen Unterschrift mit Vor- und Nachnamen sind Ort und Datum anzuführen. Diese Erklärung ist in jedes abzugebende Exemplar der Arbeit aufzunehmen.

5. Die Erarbeitung der Thematik

Die Manuskriptteile geben die äußere Ordnung einer wissenschaftlichen Arbeit wieder. Nun soll der weitaus anspruchsvollere Aspekt dargestellt werden, wie der Inhalt erarbeitet wird.

Das **Thema** der Arbeit bestimmt sowohl den **Ausgangspunkt** wie die **Grenzen** der Ausarbeitung. Nur das gestellte Thema und kein anderes ist zu bearbeiten. Nur was zum Thema und zur Entwicklung der Thematik gehört, gehört in eine wissenschaftliche Arbeit.

Zudem gibt das Thema wichtige Anhaltspunkte für die Literatur, die zur Bearbeitung des Themas heranzuziehen ist. Aus der Themenstellung lassen sich erste Schritte für die **Literatursuche** entwickeln. Es verschafft den Einstieg in die Literatursuche. Die Literatursuche ist Voraussetzung für die Einarbeitung in den aktuellen Forschungsstand des Themas. Im Folgenden soll dargestellt werden, wie über die Beschäftigung mit dem Thema der wissenschaftlichen Arbeit die Literatursuche angegangen werden kann.

---

46 Kricsfalussy, Andreas: Format und Inhalt. Schnellkurs zur Anfertigung wirtschaftswissenschaftlicher Arbeiten, 3. A., Köln 1995, S. 18; Schenk, Hans-Otto S. 191 f.

5.1. Auswertung und Verortung des Themas

Das Thema ist **systematisch** aufzugliedern. Es ist zu überlegen, ob es dazu signifikante Sachbegriffe oder Schlagworte gibt und ob bestimmte Gesetze oder Gesetzesvorschriften dem Thema zuzuordnen sind.[47] Beispielsweise das Thema *Veröffentlichungen aus Gemeinderatssitzungen – Das Recht des Gemeinderats auf Schutz seines Persönlichkeitsrechts* lässt sich wie folgt gliedern.

Rechtswissenschaft			
Verfassungsrecht	**Strafrecht**	**Zivilrecht**	**Verwaltungsrecht**
Art. 2 GG	§§ 185 ff. StGB	§ 823 BGB	§§ 23 ff. GemO
Art. 5 GG	Ehrverletzung	§ 1004 BGB	
Art. 28 GG		§ 253 BGB	
Grundrechte		Widerruf	
Meinungsfreiheit		Unterlassung	
Pressefreiheit		Schmerzensgeld	
Persönlichkeitsrecht			

Diese Auswertung des Themas bietet einen ersten Anhaltspunkt, um das Arbeitsgebiet grob abzustecken, um dem Thema seinen Platz im gesellschaftlichen, rechtlichen und wirtschaftlichen Zusammenhang zuzuweisen. Das Thema ist zu verorten.

Die Auswertung verschafft zusätzlich Anhaltspunkte, um sich geeignete **Literatur** zu dem Thema zu beschaffen und sich einzulesen. Im Laufe der Zeit wächst die Liste der **Schlagworte** und der einschlägigen **Rechtsvorschriften** noch an. Eine erste Erweiterung der Schlagworte kann die Überlegung bringen, ob es ähnliche, verwandte, synonyme Begriffe bzw. Oberbegriffe zu den Schlagworten gibt. *Vom Widerruf kann es gedanklich zur Richtigstellung und zur Gegendarstellung gehen. Diese führt zu den Landespressegesetzen.*

Die Zusammenstellung der aufgefundenen Schlagworte und Rechtsvorschriften ermöglicht die erste Suche nach aussagefähiger Literatur in

- Nachschlagewerken
- Bibliografien
- Gesetzeskommentaren, Lehrbüchern und Monografien
- Zeitschriften
- Entscheidungssammlungen der Rechtsprechung.

Um einschlägige Literatur für die Erarbeitung eines wissenschaftlichen Werkes zu finden, bieten

---

47 Seidenspinner, Gundolf S. 52.

- Bibliotheken und
- Elektronische Medien und Datenbanken

unentbehrliche Hilfestellungen. Wer sich schon im Vorfeld der Arbeit mit der Suche in Bibliotheken, der Benutzung der Bibliothekskataloge und der elektronischen Informationssysteme vertraut gemacht hat, hat es erheblich leichter und kann gezielt vorgehen.

Es kann kein allgemeingültiger Leitfaden für das Vorgehen bei der Literatursuche gegeben werden. Das Vorgehen hängt vom jeweiligen Thema und den Vorkenntnissen zu diesem Thema ab. Die folgende Darstellung beschränkt sich deshalb auf allgemeine Hinweise ohne Anspruch auf Vollständigkeit und Einschlägigkeit für jedes Thema und ohne Rücksicht auf die Vorkenntnisse der Studierenden.[48]

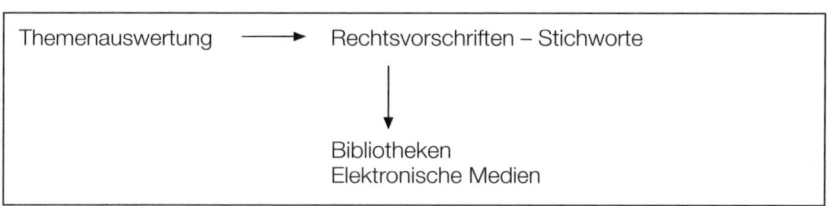

5.2. Suche in der Bibliothek

Mit der ersten Zusammenstellung der Schlagworte und einschlägigen Rechtsvorschriften ist die Bibliothek aufzusuchen. Bei der Suche ist zu bedenken, dass bei der Masse an Literatur schon nach kurzer Zeit kaum mehr ein Überblick besteht, welche Autoren und Werke bereits gefunden oder noch zu suchen sind, welche Seiten eines Werkes wichtig sind und wie dieses Werk nun heißt. Damit die Literatursuche effizient erfolgt, ist von jedem Hinweis auf eine mögliche Quelle in einer **Literaturliste**, auf einer **Karteikarte** oder in einer **Datenbank** ein **Vermerk** zu machen, der zumindest den Verfassernamen, den Sachtitel und die Seitenangabe enthalten muss, sowie bei Aufsätzen und Gerichtsentscheidungen, in welcher Zeitschrift oder Sammlung nebst Erscheinungsjahr und Seite diese nachzulesen sind. Wurde ein Werk geprüft und für ungeeignet befunden, ist ein Vermerk darüber anzubringen. So wird vermieden, dass es erneut zur Hand genommen wird. Von durchgearbeiteten und für wichtig erachteten Werken sind exakt die Angaben zu vermerken, die später für das Literaturverzeichnis erforderlich sind. Hierzu zählen insbesondere Erscheinungsort, Erscheinungsjahr und

---

48 Hirte; Herbert: Der Zugang zu Rechtsquellen und Rechtsliteratur, Köln u. a. 1991, S. 89 ff.

Auflage. Diese Zusammenstellungen bilden die Grundlage für das Literaturverzeichnis und die Fußnoten des Manuskripts. Auch wenn die Frage noch offen ist, ob die Quelle Eingang in die Arbeit finden wird, ist der erwähnte Vermerk zu machen. Nur so bleibt die Option erhalten, sie erforderlichenfalls in die Arbeit und damit ins Literaturverzeichnis aufzunehmen.

Eine zielstrebige Hilfe in der Bibliothek bietet der **Schlagwortkatalog**. Schlagworte führen rasch zu einschlägiger Fachliteratur. Die im Schlagwortkatalog aufgeführten Werke sind über die Bibliothek zu erhalten. Wurde unter den zum Thema der wissenschaftlichen Arbeit herausgearbeiteten Schlagworten nichts gefunden, ist die Suche unter einem synonymen Begriff oder einem Oberbegriff fortzusetzen. Manche elektronischen Kataloge bieten die Möglichkeit, dass die der Katalogordnung zugrunde liegenden Begriffe alphabetisch oder thematisch sortiert eingesehen werden können. Dies gestattet eine erleichterte Suche nach passenden Schlagworten.

Ist von einem Buch der Verfassername bekannt, hat die Suche im **alphabetischen Katalog** zu erfolgen. Befindet sich das Werk nicht im Katalog, ist zu überlegen, ob es so wichtig erscheint, dass es bei einer anderen Bibliothek ausgeliehen werden sollte. Eine Fernleihe oder die direkte Suche in einer anderen Bibliothek ist in Betracht zu ziehen. Ist ein Werk ausgeliehen, sollte sofort eine Bestellung mit Vormerkung erfolgen, damit der Erhalt des Bandes in absehbarer Zeit gewährleistet ist.

Ansonsten bleibt nur, mühsam mittels **Standortkatalog** und Durchsicht der Bücher in den Regalen, die in Frage kommenden Werke einzugrenzen und durchzusehen.

Neben den Bibliothekskatalogen gibt es eine Reihe von Fachbüchern wie Nachschlagewerke und Bibliografien, die zur Literatursuche gezielt herangezogen werden können.

5.2.1. Nachschlagewerke

Eine erste grobe **Orientierung** zu einem Thema können Nachschlagewerke geben. Sie liefern prägnante Darstellungen zu bestimmten Stichworten und Problemfeldern. Außerdem bieten Nachschlagewerke eine grobe Umschreibung der jeweiligen Problematik und Hinweise auf grundlegende Gerichtsentscheidungen und Literaturansichten sowie auf verwandte und weiterführende Fragestellungen.

Aus dem großen Angebot an Nachschlagewerken seien genannt:

- Creifelds, Carl (Hrsg.): Rechtslexikon, 19. A., München 2007
- Tilch, Horst (Hrsg.): Deutsches Rechtslexikon, 3 Bde., 3. A., München 2001
- Isensee, Josef (Hrsg.): Handbuch des Staatsrechts der Bundesrepublik Deutschland, 10 Bde., Heidelberg 1987–2005

● Benda, Ernst (Hrsg.): Handbuch des Verfassungsrechts, 2. A., Heidelberg 1995.

Nachschlagewerke findet man mit Hilfe von Bibliothekskatalogen. Sie stehen zum Teil als CD-ROM-Version und im Internet zur Verfügung.

5.2.2. Gesetzeskommentare, Monografien und Biografien

Zur raschen und gezielten Literatursuche sind besonders **Kommentare** zu Gesetzeswerken geeignet. Gesetzeskommentare sind das ideale Hilfsmittel bei der Suche nach Literatur und Gerichtsentscheidungen zu einer bestimmten Rechtsvorschrift oder Rechtsfrage. Unter den jeweiligen Gesetzesvorschriften findet sich eine Auflistung der wichtigsten, wegweisenden Gerichtsentscheidungen und der Fachliteratur. Sie geben Querverweise zu weiteren Gesetzesvorschriften, die mit der Thematik in engem Zusammenhang stehen. Mittlerweile gibt es zu allen wichtigen und größeren Rechtsgebieten eine Vielzahl von Kommentaren.

Mit den **herausgearbeiteten Paragrafen** zum Thema der wissenschaftlichen Arbeit **kann** die Suche im Kommentar **begonnen** werden. Die zu einem Paragrafen vermerkte Kommentierung ist durchzulesen. Günstigenfalls finden sich hierbei bereits verwertbare Aussagen, Hinweise auf relevante Gerichtsentscheidungen und spezielle Literatur. Das Stichwortregister bietet weitere Anhaltspunkte.

Jährlich neu erscheint der Kommentar Palandt (Hrsg.): Bürgerliches Gesetzbuch, 67. A., München 2008. Er befindet sich auf dem Stand des Vorjahres seines Erscheinens. Weitere Einzelheiten zum **Stand** lassen sich dem Vorwort entnehmen. In Anbetracht seines Umfangs kann dieser Kommentar nur wichtige, richtungsweisende Gerichtsentscheidungen und Veröffentlichungen beinhalten. Es gibt daneben zum Bürgerlichen Recht weitaus umfangreichere Kommentare, die das Rechtsgebiet in mehreren Bänden abhandeln. Diese bieten umfassendere und tiefergehendere Darstellungen und weiterführende Hinweise ohne Anspruch auf Vollständigkeit. Diese Kommentare erscheinen jedoch nur in größeren zeitlichen Abständen. Die letzte Auflage erschien oftmals schon vor einigen Jahren. Die später erschienenen Gerichtsentscheidungen und Autorenansichten sind nicht berücksichtigt. Die Studierenden müssen sie noch selbstständig erarbeiten.

Zum Thema *Veröffentlichungen aus Gemeinderatssitzungen* sind Grundgesetzkommentare wie auch Kommentare zum BGB und zur Gemeindeordnung heranzuziehen. Die Suche ist – wie bereits o. g. – mit den aufgelisteten Paragrafen zu beginnen und durch Suche im Stichwortregister zu vervollständigen.

Bibliografien sind Bestandsverzeichnisse der Literatur eines Landes oder eines Sachgebietes. Regelmäßig sind sie nach Zeitabschnitten gegliedert. Gerade **aktuelle Literatur** lässt sich in Bibliografien auffinden. Anhand des Autoren- und vor allem des Stichwortverzeichnisses lässt sich die einschlägige

Literatur recherchieren. Bibliografien sind in gebundener Form in Bibliotheken erhältlich, auf CD-ROM und im Internet.

Aus der Vielzahl von Bibliografien seien genannt:

- **Allgemeinbibliografien** wie z. B. das Börsenblatt für den deutschen Buchhandel, es umfasst in der Reihe A die Neuerscheinungen des Verlagsbuchhandels und in der Reihe B die Neuerscheinungen außerhalb des Verlagsbuchhandels.
- **Fachbibliografien** wie z. B. die Karlsruher Juristische Bibliografie mit einem systematischen Nachweis neuer Bücher und Aufsätze in monatlicher Folge.[49]

Die Karlsruher Bibliografie ist bei der Bearbeitung eines juristischen Themas ein unverzichtbares Hilfsmittel. Aufsätze in der kaum mehr überschaubaren Vielzahl von Fachzeitschriften, Festschriften und Jahrbüchern können über das Schlagwortregister der Karlsruher Bibliografie aufgespürt werden. Selbst Veröffentlichungen in weniger bekannten Zeitschriften sind enthalten. Ansonsten bleibt nur die mühsame Suche in den Registern der Fachzeitschriften selbst oder in elektronischen Medien.

In **Lehrbüchern** ermöglicht das Inhaltsverzeichnis und noch mehr das Stichwortverzeichnis am Ende des Buches das Auffinden der speziellen Passagen. In diesen Passagen finden sich regelmäßig Hinweise auf weiterführende Literatur und Rechtsprechung. Es bietet sich damit eine Suche von Buch zu Buch an. Diese Suche ist allerdings sehr zeitaufwendig.

Monografien enthalten eine selbstständige Darstellung eines spezifischen Problemkreises. Es handelt sich zumeist um sehr umfassende und detaillierte Betrachtungen. Sie bieten eine eingehende Auseinandersetzung mit der Rechtsprechung und anderen in der Literatur vertretenen Ansichten. Damit sind sie gleichzeitig eine reichhaltige Quelle an weiterführenden Literaturhinweisen.

Festschriften beinhalten Sammlungen kurzer Monografien. Sie werden zu einem konkreten festlichen Anlass herausgegeben. Die Themenauswahl ist am Interesse des Jubilars, am Aufgabenbereich der gefeierten Institution oder dem festlichen Anlass selbst orientiert. Die Bibliothekskataloge führen regelmäßig nur die Festschrift auf, nicht jedoch den einzelnen Beitrag. Die Suche nach geeigneten Beiträgen kann über

- Kirchner, Hildebert (Hrsg.): Karlsruher Juristische Bibliografie (seit 1965), München
- Dau, Helmut/Pannier, Dietrich (Hrsg.): Bibliografie juristischer Festschriften und Festschriftenbeiträge (seit 1864), 10 Bde., Karlsruhe 2006

erfolgen.

---

49 Weitere Hinweise bei Hirte, Heribert S. 109 f.

Lehrbücher, Monografien und Kommentare können den Meinungsstand in Literatur und Rechtsprechung nur zum Zeitpunkt ihrer Abfassung wiedergeben. Manche Werke kennzeichnen durch die Angabe **Stand** diese zeitlichen Grenzen nach Jahr und Monat. Neuere Gerichtsentscheidungen und Literatur sind nicht berücksichtigt, sodass eine Erarbeitung dieser in aktuelleren Werken, insbesondere Entscheidungssammlungen und Fachzeitschriften erforderlich wird.

Sind bestimmte Werke in einer Bibliothek nicht zugänglich, können sie bei der Bibliothek per Fernleihe bestellt werden. Schneller, jedoch teurer ist die Bestellung von Büchern oder Kopien aus Büchern über *www.subito-doc.de.*

5.2.3. Gerichtsentscheidungen

Gerichtsentscheidungen werden in amtlichen und nichtamtlichen Entscheidungssammlungen sowie in Fachzeitschriften veröffentlicht.[50] In **nichtamtlichen Sammlungen** und Fachzeitschriften findet sich oftmals nur eine verkürzte Wiedergabe. Kommt es auf diese Entscheidung maßgeblich an, ist anhand des Aktenzeichens und des Datums der Entscheidung die Volltextversion in den **amtlichen Entscheidungssammlungen** aufzusuchen und diese auszuwerten. Eine Gerichtsentscheidung befasst sich immer nur mit einem konkreten Fall, mit seinen tatsächlichen und rechtlichen Besonderheiten. Es geht nicht ohne Weiteres, diese Entscheidung auf andere Sachverhalte zu übertragen und zu verallgemeinern. Die Besonderheiten und die Komplexität des Falles lassen sich häufig nur der Volltextversion entnehmen.

Den Entscheidungen in amtlichen Entscheidungssammlungen und Fachzeitschriften finden sich **Leitsätze** vorangestellt. Diese Leitsätze geben in knapper Form den wesentlichen Inhalt der Entscheidung wieder. Diese Leitsätze können geeignet sein, eine grobe Zuordnung der Entscheidung zu einer bestimmten Problematik zu erleichtern. Auf die genaue Lektüre von Sachverhalt und Entscheidungsgründen kann gleichwohl nicht verzichtet werden.

Die veröffentlichten Entscheidungen aus der höchstrichterlichen Rechtsprechung lassen sich in **amtlichen Entscheidungssammlungen** aufsuchen wie

- Sammlung der Rechtsprechung des Europäischen Gerichtshofs (EuGH, Slg)
- Entscheidungen des Bundesverfassungsgerichts (BVerfGE)
- Entscheidungen des Bundesgerichtshofs in Zivilsachen (BGHZ)
- Entscheidungen des Bundesgerichtshofs in Strafsachen (BGHSt)
- Entscheidungen des Bundessozialgerichts (BSGE)
- Entscheidungen des Bundesverwaltungsgerichts (BVerwGE)

---

50 Veröffentlicht auch bei NJW-LSK, beck-online und JURIS, die eine rasche und zielstrebige Suche ermöglichen.

- Entscheidungen des Bundesfinanzhofes (BFHE)
- Entscheidungen des Bundesarbeitsgerichtes (BAGE)
- Entscheidungen der Oberlandesgerichte in Zivilsachen (OLGZ).

Die **nichtamtlichen Sammlungen** sind als systematische oder als chronologische Sammlungen aufgebaut:[51]

Zu den nichtamtlichen Entscheidungssammlungen mit **systematischem Aufbau** zählen

- Buchholz (Hrsg.): Sammel- und Nachschlagewerk der Rechtsprechung des Bundesverwaltungsgerichts, nach Sachgruppen gegliedert seit 1957
- Arbeitsrechtliche Praxis (AP), berücksichtigt neben der Rechtsprechung des Bundesarbeitsgerichts auch Entscheidungen anderer Gerichte mit arbeitsrechtlichem Bezug
- Lindenmaier/Möhring (LM): Nachschlagewerk des Bundesgerichtshofs.

Diese Sammlungen mit systematischem Aufbau sind um bestimmte Problemgruppen, zu bestimmten Stichworten gruppiert. Damit können sie eine eingehende Darstellung der hierzu ergangenen Rechtsprechung nebst einem Ausblick auf sich anschließende Fragestellungen geben.

Ein **chronologischer Aufbau** findet sich bei Warneyer (Warn): Rechtsprechung des Bundesgerichtshofs in Zivilsachen, die nicht in den amtlichen Sammlungen abgedruckt ist.

5.2.4. Fachzeitschriften

Es gibt mittlerweile eine kaum mehr absehbare Flut von Fachzeitungen. In den Fachzeitungen gibt es die – zum Zeitpunkt des Erscheinens der Zeitschrift – aktuelle **Rechtsprechung**, zum Teil aller Instanzen. Es finden sich Aufsätze mit Beiträgen zur aktuellen Rechtsprechung, mit kritischer Kommentierung dieser Rechtsprechung und Erörterung der sich hieraus ergebenden Folgen für Theorie und Praxis.

Wird eine Gerichtsentscheidung in einer Zeitschrift gefunden, sollte als Quelle die amtliche Entscheidungssammlung angegeben werden. Ist die Lektüre der vollständigen Entscheidung angezeigt, dann sind aus der Zeitschrift das Entscheidungsdatum und das Aktenzeichen zu notieren. Diese Angaben erlauben es, im Register der amtlichen Entscheidungssammlung nachzusehen. Deren Register sind nach Aktenzeichen und Entscheidungsdatum geordnet.

Von den Studierenden werden Zeitschriften als Erkenntnisquelle viel zu wenig genutzt. Gerade hier findet die aktuelle und vielseitige Diskussion statt, die sowohl wissenschaftliche Streitfragen als auch praktische Bedürfnisse und aktuelle Problemlagen im Recht erfasst. Für Studierende sind die **Aufsätze** zu einzelnen aktuellen Fragestellungen von besonderem Nutzen. Sie bieten eine

---

51 Übersicht bei Hirte, Heribert S. 79–82.

Auseinandersetzung zu speziellen Problemen mitsamt ihrer Einordnung in den rechtspolitischen Gesamtzusammenhang. Sie zeigen die Hintergründe der Gesetze, die Entwicklung der Rechtsprechung sowie die weiterreichenden Konsequenzen einer gefundenen Lösung auf. Besonders hilfreich sind die in den Aufsätzen vorgefundenen Hinweise auf die Rechtsprechung und aktuelle Literatur. Sie liefern umfassende Darstellungen einer Streitfrage und bieten einen Wegweiser in der Vielfalt der vertretenen Meinungen.

Diese Aufsätze sind in den Bibliothekskatalogen nicht aufgeführt. Sie können entweder mittels Stichwörtern oder Paragrafen über die Karlsruher Bibliografie oder elektronische Datenbanken wie JURIS oder beck-online, NJW-LSK gefunden werden. Ansonsten bleibt nur die Durchsicht der Zeitschriftenregister. Die Jahresbände der Fachzeitschriften haben ein Stichwort- und Paragrafenregister. Die Register bieten wichtige Suchhilfen. Zu den meisten Fachzeitungen gibt es Fünfjahresregister wie die Fundhefte der NJW. Diese verkürzen die Suche nach Literatur aus den zurückliegenden Jahren. Noch einfacher gestaltet sich die Recherche, wenn es die Zeitschrift und ihre Register auf CD-ROM gibt.

Zusammenfassend können für die Suche nach Aufsätzen in Fachzeitschriften folgende Suchhilfen herangezogen werden:

- Karlsruher Juristische Bibliografie
- Elektronische Datenbanken wie Juris, beck-online
- NJW-LSK
- Zeitschriftenregister, insbesondere mittels Fünfjahresregister oder CD-ROM.

Außerdem können Zeitschriftenartikel unter *http//www.subito-doc.de* kostenpflichtig bestellt werden.

5.2.5. Gesetzestexte und Verwaltungsvorschriften

Gängige Gesetze finden sich in den großen **Vorschriftensammlungen**. Ansonsten kann man diese in den

- Fundstellenverzeichnissen beim Bundesrecht oder
- Gültigkeitsverzeichnissen des Landesrechts

aufsuchen. Diese weisen den Weg in die **Gesetzblätter**, in denen die Vorschriften veröffentlicht werden.

Die wichtigsten Quellen sind[52]

- Amtsblatt der europäischen Gemeinschaften
  Reihe L: Rechtsvorschriften
- Bundesgesetzblatt (BGBl.), Bundesminister der Justiz (Hrsg.)
  Teil I: Bundesgesetze, Rechtsverordnungen
  Teil II: Verwaltungsabkommen

---

52 Hirte, Heribert S. 4 ff.

- Bundesanzeiger (BA), Bundesminister der Justiz (Hrsg.)
  Amtlicher Teil: Vorschriften soweit nicht im BGBl. abgedruckt
- Bundessteuerblatt (BStBl.), Bundesminister der Finanzen (Hrsg.)
  Teil I: Veröffentlichungen des Bundesministers der Finanzen
  Teil II: Entscheidungen des Bundesfinanzhofs.

Gesetzgebungsmaterialien geben die Entstehungsgeschichte eines Gesetzes in seinen verschiedenen Stadien wieder. Sie können wichtige Anhaltspunkte für die historische und teleologische Auslegung eines Gesetzes bieten. Gerade wissenschaftliche Abschlussarbeiten verlangen von Studierenden eingehende Recherchen zu den Hintergründen von Gesetzeswerken und lassen ihnen ausreichende Zeit zum Studium der Gesetzesmaterialien und zur historischen Auslegung von Gesetzen. Erste Informationen geben:

- Bundestags-Drucksachen (BT-Drs.), Deutscher Bundestag (Hrsg.)
- Bundesrats-Drucksachen (BR-Drs.), Bundesrat (Hrsg.).

Die Studierenden können Gesetzesmaterialien bei den jeweiligen Gesetzgebungsorganen oder Ministerien anfordern. Verschiedentlich werden Gesetzesmaterialien auch selbstständig veröffentlicht.[53]

Verwaltungsvorschriften haben primär nur verwaltungsinterne Bedeutung. Sie sollen die Gleichmäßigkeit des Verwaltungshandelns gewährleisten. Auf Bundesebene werden sie im Gemeinsamen Ministerialblatt (GMBl.) herausgegeben. Manche Ministerien geben eigene Verlautbarungen von Verwaltungsvorschriften heraus. Auf Landesebene gibt es ebenfalls Ministerialblätter.

5.2.6. Zusammenfassung

Die Suche nach Literatur in Bibliotheken lässt sich zusammenfassend darstellen:

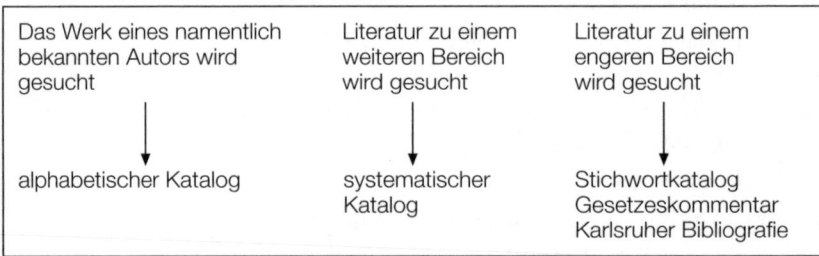

Das Werk eines namentlich bekannten Autors wird gesucht	Literatur zu einem weiteren Bereich wird gesucht	Literatur zu einem engeren Bereich wird gesucht
↓	↓	↓
alphabetischer Katalog	systematischer Katalog	Stichwortkatalog Gesetzeskommentar Karlsruher Bibliografie

---

53 Zunehmend stehen sie im Internet bei den zuständigen Fachministerien zur Verfügung.

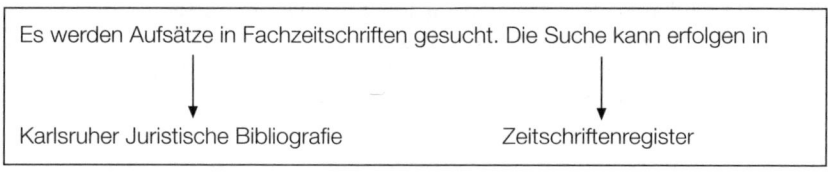

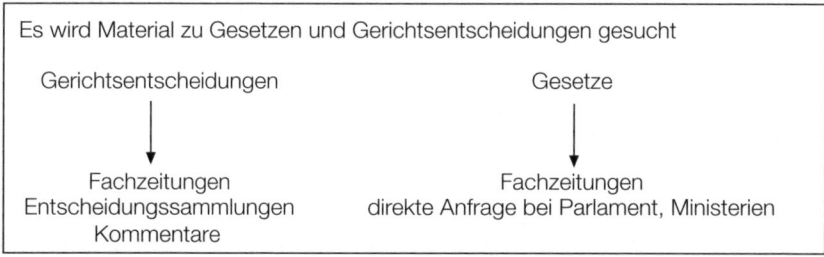

Die aufgefundene Literatur kann natürlich nie aktueller als der Ausgangspunkt der Suche sein.[54] Ein Kommentar mit Stand 1998 kann zu später ergangenen Gerichtsentscheidungen und später veröffentlichten Abhandlungen keine Auskunft geben. Diese sind über die Register der jüngsten Entscheidungssammlungen, Fachzeitungen und Bibliografien zu erheben.

5.3. Suche in Elektronischen Medien

Die herausgearbeiteten Stichworte und Paragrafen können zur Suche im Internet oder in juristischen Datenbanken verwendet werden. Vereinfacht ausgedrückt handelt es sich hierbei um virtuelle Bibliotheken mit virtuellen Katalogen.

Eine Vielzahl von Informationen finden sich im **Internet**. In Anbetracht des unkontrollierten Zugangs zum Internet und der Datenflut ist ein besonders kritischer Umgang mit den vorgefundenen Informationen unabdingbar. Im Internet vorgefundene Informationen sind auf

- Richtigkeit
- Aktualität
- Vollständigkeit und
- Ausgewogenheit

zu überprüfen.

---

54 Barthel, Jens S. 45.

Die Studierenden können sich darauf beschränken, einschlägige Nachweise zur Literatur aufzufinden, um diese anderweitig zu beschaffen oder diese Literatur über das Internet abzurufen. Der letztere Weg erscheint auf den ersten Blick zunächst einfacher und schneller. Er ist jedoch mit umfangreichen Angaben im Literaturverzeichnis und den Fußnoten verbunden. Hinzu kommt die Notwendigkeit, einen Ausdruck in den Anhang aufzunehmen. Deshalb sollte nur die Literatur aus dem Internet Eingang in die Arbeit finden, die nicht anderweitig erreichbar oder belegbar ist.

Die Suche im Internet ist durch die Verwendung von allgemeinen **Suchmaschinen** wie

- *http://www.google.de*
- *http://www.yahoo.de*
- *http//www.metacrowler. com*

möglich. Die Trefferquote ist hoch, jedoch nicht immer einschlägig. Die Durchsicht aller Treffer auf aussagefähige Literatur kann sich ausgesprochen aufwändig und zeitraubend gestalten.[55]

Es gibt auch verschiedene **Suchmaschinen für Recht und juristische Datenbanken,** die bei der Suche nach juristischer Literatur hilfreich sein können:

- *http://www.caselaw.de*
- *http://dejure.org*
- *http://www.marktplatz-recht.de*
- *http://www.portal-recht.de*
- *http://www.recht.de.*

Daneben gibt es umfassende, jedoch **kostenpflichtige Datenbanken:**

JURIS – Juristisches Informationssystem für die Bundesrepublik Deutschland *(http://www.juris.de)* bietet neben den Gesetzestexten aus dem Bundesgesetzblatt, den Fundstellen der Gesetzesmaterialien hierzu auch Gerichtsentscheidungen und Angaben zu Aufsätzen aus mehr als 500 Fachzeitschriften sowie das Landesrecht verschiedener Bundesländer.[56] Ferner liefert Juris bei Gerichtsentscheidungen Nachweise, welches Gericht diese Entscheidungen zitiert. Dieser Hinweis erlaubt es festzustellen, wie eine Rechtsprechung fortgesetzt oder verändert wird.

Ebenfalls kostenpflichtig ist beck-online mit einer umfangreichen Sammlung an Gerichtsentscheidungen, Kommentaren, Lehrbüchern und Zeitschriften unter *http://www.beck-online.de.*

---

55 Kroiß, Ludwig/Schuhbeck, Sebastian: Jura online, Neuwied u. a. 2000, S. 27; kritisch Karmasin, Matthias/Ribing, Rainer S. 78, 83; Weilenmann, Anne-Katharina: Fachspezifische Internetrecherche, München 2006, S. 17.

56 Kroiß, Ludwig/Schuhbeck, Sebastian S. 58 ff.

Aktuelle Bundesgesetze kann man im Bundesgesetzblatt unter *http://www.bgbl.de* oder den Serviceseiten/Rechtsvorschriften des Bundesministeriums für Justiz *http://www.bmj.bund.de* eruieren.[57] Rechtsvorschriften und Verwaltungsabkommen, die nicht im Bundesgesetzblatt, sondern im Bundesanzeiger veröffentlicht werden, gibt es unter *http://www.bundesanzeiger.de*. Informationen zu Bundesgesetzgebungsarbeiten und Bundestagsdrucksachen zur letzten und aktuellen Wahlperioden finden sich bei DIP – Das Informationssystem für Parlamentarische Vorgänge unter *http://www.bundestag.de*.

Unter *http://www.parlamentsspiegel.de* sind die laufenden Gesetzesvorhaben der 16 deutschen Landesparlamente nebst allen wichtigen Anträgen und Anfragen aufgeführt. Daneben finden sich die Gesetzes- und Verordnungsblätter des Bundes und der Länder und die Dokumenterserie A des Europäischen Parlaments.

Die Rechtsvorschriften des Landes Baden-Württemberg und die Rechtsprechung der Verwaltungsgerichte des Landes sind unter *www.vd-bw.de* abrufbar.

Unterlagen zu laufenden Gesetzesvorhaben und Pressemitteilungen der verschiedenen Gesetzgebungsorgane und der Bundesministerien kann man bei diesen abfragen:

- Bundestag *http://www.bundestag.de*
- Bundesrat *http://www.bundesrat.de*
- Bundesregierung *http://www.bundesregierung.de*

Letztere bietet auch den Zugang zu den Seiten der einzelnen Bundesministerien.

Unter *http://www.europa.eu/int/eur-lex/lex/* führt die Suche zu den Rechtsakten der Europäischen Union und unter *http://www.europarl.de* zum Europäischen Parlament.

Aktuelle Entscheidungen und Presseveröffentlichungen der Bundesgerichte gibt es unter dem Namen des jeweiligen Gerichts wie *http://bundesverfassungsgericht.de*.

Eine Auswahl der wichtigsten Entscheidungen des BVerfG, BGH, BVerwG, BFH, BSG gibt es im Volltext unter *http://www.lexetius.com*.

Die jüngsten Entscheidungen des Gerichtshofs der Europäischen Gemeinschaften im Volltext gibt es unter *http:/www.europa.eu.int/cj/de/index.htm*.

Die meisten Oberlandesgerichte verfügen über Urteilsdatenbanken, die über deren Homepage zugänglich sind.

---

57 Müller, Norman: Die juristische Recherche auf CD-ROM und im Internet, in: Engel, Stefan/Slapnicar, Klaus (Hrsg.): Die Diplomarbeit, 3. A., Stuttgart 2003, S. 98 m. w. N.

Im Bestand der Deutschen Nationalbibliothek unter *http://www.ddb.de* ist der Bestand der in der Bundesrepublik Deutschland erschienenen Bücher und Periodika verzeichnet.[58] Der virtuelle Katalog der Unibibliothek Karlsruhe bietet *unter http://www.ubka.uni-karlsruhe.de* Einsicht in eine Vielzahl von Bibliothekskatalogen mit einem umfassenden Buchbestand.

Juristische Fachaufsätze lassen sich über den Dokumentenlieferdienst der deutschen Bibliotheken *http://www.subito-doc.de* suchen und gegen Entgelt bestellen.

Die Jade-Datenbank mit Beiträgen aus 24.000 Zeitschriften ist über *http://www.ub.uni-dortmund.de/literatursuche/index.htm* erreichbar. Über den Literaturdienst Jason unter Fernleihe Zeitschriften kann die Bestellung von Beiträgen kostenpflichtig erfolgen. Denselben Service bietet *http://www.ub.uni-hohenheim.de* unter Dokumentensuchservice.

Literatur können Interessenten in den Bücherverzeichnissen von Online-Buchhändlern suchen und sogleich bestellen wie *http://www.amazon.de*, *http://www.buch.de*, *http://www.buecher.de*, *http://www.buchhandel.de* und *http://www.libri.de*. Einzelpublikationen und die Verzeichnisse kleiner Verlage sind hierüber zumeist nicht zugänglich.

Für eine wissenschaftliche Arbeit können interessante Daten bei folgenden Informationsanbietern abgefragt werden:

- Landesämter für Statistik in Baden-Württemberg
  http://www.statistik.baden-wuerttemberg.de
- Statistisches Amt der Europäischen Gemeinschaft
  http://epp.eurostat.ec.europa.eu/portal/page?_pageid=
  1090,30070682,1090_33076576&_dad=portal&_schema=PORTAL
- Statistisches Bundesamt *http://www.destatis.de*
- Deutsche Bundesbank *http://www.bundesbank.de*

Ein Informationsportal zu allgemeinen und wissenschaftlichen Fachgebieten bietet *http://www.internetbibliothek.de*.

6. Die Materialauswertung

Von der Auswertung des Themas führt der Weg zur Materialfindung. Von der Materialfindung führt der Weg weiter zur Materialauswertung und schließlich zur Materialdarstellung in der wissenschaftlichen Arbeit selbst. Nach der bereits beschriebenen Materialfindung soll nun der nächste Schritt der Materialauswertung erläutert werden.

---

58 Engel, Stefan: Die Online Recherche, in: Engel, Stefan/Slapnicar, Klaus Wilhelm (Hrsg.): Die Diplomarbeit, 3. A., Stuttgart 2003, S. 71.

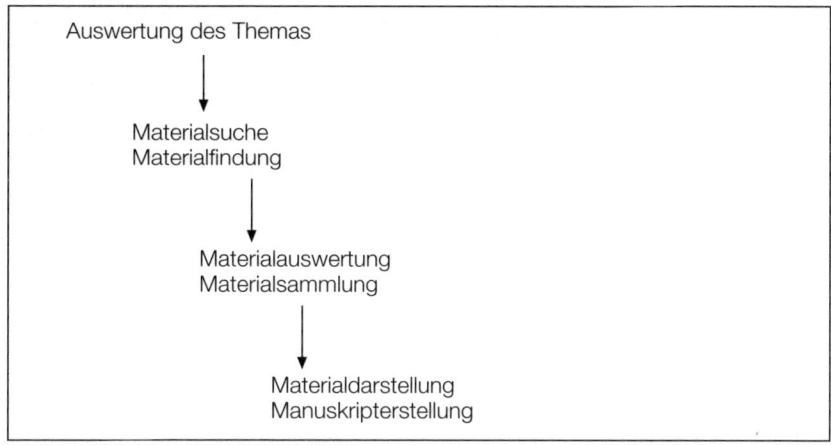

Die aufgefundene Literatur ist daraufhin durchzusehen, ob sie das **Thema der Arbeit tatsächlich betrifft**. Daneben lassen sich der durchgesehenen Literatur weitere Hinweise auf relevante Literatur entnehmen, die noch aufzusuchen ist.

In Anbetracht der Fülle an Literatur können die Studierenden diese nicht in allen Fällen vollständig lesen. Es sind von vornherein die Werke auszuklammern, die zum jeweiligen Arbeitsthema nichts besagen. Eine erste Abgrenzung lässt sich anhand der Durchsicht des Inhaltsverzeichnisses, den Kapitel- und Zwischenüberschriften gewinnen. Gegebenenfalls sind einzelne Kapitel anzulesen. Die wissenschaftliche Tiefe eines Werkes lässt sich anhand von Fußnoten und dem Literaturverzeichnis einschätzen. Wird ein Werk als nicht aussagefähig eingeschätzt und damit ausgeschieden, ist trotzdem noch dessen Literaturverzeichnis auf weiterführende Literatur durchzusehen. Erscheint ein Werk als einschlägig für das Thema der Arbeit, ist es auf bedeutsame Aussagen durchzusehen und der Inhalt zu erschließen. Fördert es die Arbeit, ist die Textstelle zu übernehmen. Bei übernommenen Textstellen ist die weitere Frage anzustellen, ob die darin angestellten Überlegungen weiterentwickelt werden können und sollen.

Es muss sichergestellt werden, dass relevanten Texte für die weitere Bearbeitung zur Verfügung stehen und sich bei Bedarf problemlos wieder heranziehen lassen. Kopien und Exzerpte können hilfreich sein.

6.1. Literaturübersichten

Es sind Literaturübersichten, wie bereits bei der Literatursuche – als Literaturlisten, Karteikarten oder Datenbanken – angeregt, anzulegen, um das Wiederfinden der Texte zu gewährleisten. Diese Literaturübersichten sind die **Grundlage für das Literaturverzeichnis** der wissenschaftlichen Arbeit. Deshalb sollten diese Übersichten alle Angaben enthalten, die für die spätere Aufnahme ins Literaturverzeichnis erforderlich sind. Hierzu können die bereits bei der Literatursuche angelegten Karteikarten fortgeschrieben werden. Es ist empfehlenswert, die Literaturübersichten bereits als Datei zu erstellen. Am PC erstellt, lässt sich ohne großen Aufwand hieraus das Literaturverzeichnis entwickeln.

Für Gerichtsentscheidungen ist eine gesonderte **Rechtsprechungsübersicht** anzulegen. In der Rechtsprechungsübersicht sind außer der Fundstelle einer Entscheidungssammlung oder Fachzeitschrift noch das Aktenzeichen und das Datum festzuhalten. Gerichtsentscheidungen werden in verschiedenen Sammlungen und Zeitschriften oftmals mehrfach veröffentlicht. Aktenzeichen und Datum helfen Mehrfachauswertungen und Mehrfachnennungen derselben Entscheidung zu vermeiden. Aus den Rechtsprechungsübersichten kann das Rechtsprechungsverzeichnis zusammengestellt werden, wie es für eine Doktorarbeit erforderlich ist und auch bei anderen wissenschaftlichen Arbeiten angezeigt sein kann.

Die Literaturübersichten sind neben dem Literaturverzeichnis bedeutsam für das Zitieren von Rechtsprechung und Literatur in Fußnoten im Zuge der Erstellung des Manuskripts der Arbeit. Es ist ausgesprochen aufwändig, wenn der Verfasser bei Erarbeitung des Manuskripts und beim Zusammenstellen der Zitate und Fußnoten diese Angaben erneut heraus suchen oder diese Werke erneut besorgen muss. Um dies zu vermeiden, sind die Stichwort- und Seitenangaben bei den Literaturübersichten wichtig.

6.2. Materialsammlung

Die einschlägige Literatur ist nach Möglichkeit in greifbarer Nähe zu sammeln. Es ist sicherzustellen, dass die als wichtig erkannten Passagen leicht auffindbar sind. Zu Beginn der Materialsammlung scheint alles Material noch überschaubar. Dies ändert sich jedoch mit fortlaufendem Stadium der Materialsuche. Deshalb sind von vornherein alle wichtigen Erkenntnisse festzuhalten. Es kann hierbei hilfreich sein, die wichtigen Passagen in selbst angeschafften Werken zu **unterstreichen** und das Auffinden durch Stichwortzettel, die aus dem Werk oben herausragen, zu erleichtern. In entliehenen Werken sind nur Stichwortzettel zulässig.

Können Werke nicht entliehen werden, wie es bei aktuellen Kommentaren oder Fachzeitschriften und Entscheidungssammlungen regelmäßig der Fall ist, sind Exzerpte oder Kopien zu fertigen und nach **Themenschwerpunkten** zu sortieren. Dasselbe gilt, wenn ein Werk nur für begrenzte Zeit zur Verfügung steht.

Beim **Exzerpt** werden Passagen aus fremden Werken herausgeschrieben mit Quellen, Seitenangaben und den Stichworten, zu welchen Themenschwerpunkten das Exzerpt Verwendung finden kann. Anstelle eines handschriftlichen Exzerpts ist die Erfassung am PC in Betracht zu ziehen. Hierbei kann es sinnvoll sein, zu jedem Themenschwerpunkt eine Datei anzulegen. Bei der Ausformulierung der Arbeit kann der Verfasser sogleich auf diese Dateien zurückgreifen.

Fotokopien sind ein unersetzliches und rasch zu fertigendes Hilfsmittel, um wichtige Quellen mit umfangreichen Aussagen festzuhalten. Vor dem Kopieren sollten die Studierenden den Text zuerst durchlesen.[59] Die Anfertigung von Kopien sollte sich dann auf die Seiten beschränken, auf denen die für die Arbeit relevanten Aussagen stehen. Für kurze Passagen genügt ein Exzerpt. Ansonsten ist die Gefahr groß, dass viele Kopien gefertigt werden, die nichts mit der Fragestellung zu tun haben. Wichtig ist, dass die für die Fußnoten und das Literaturverzeichnis erforderlichen Angaben auf den Kopien und Exzerpten festgehalten werden.

Hieraus erwächst im Laufe der Zeit eine umfangreiche eigene Materialsammlung, die die Grundlage für die spätere Erarbeitung des Manuskripts darstellt. Sie bietet gleichzeitig Anhaltspunkte für weitere Fragen und Probleme, die zur umfassenden Bearbeitung des Themas dazugehören und noch zu erarbeiten sind.

6.3. Ausarbeitung des Rohmanuskripts

Beim Sammeln von Literatur stellt sich oftmals die Vorstellung ein, das Thema fest im Griff zu haben. Bei den ersten Formulierungsversuchen zeigt sich hingegen, dass manches noch nicht recht verstanden wurde, mancher Zusammenhang nicht klar ist. Es treten bislang nicht erkannte Fragestellungen auf. Es finden sich Widersprüche zwischen scheinbar einhelligen Ansichten. Es zeichnen sich Argumentationslücken ab. Der dem Dichter Heinrich von Kleist zugeschriebene Satz *Über das allmähliche Verfestigen der Gedanken beim Sprechen* gilt erst recht beim Schreiben.

Deshalb dürfen die Studierenden mit der ersten Niederschrift der Arbeit nicht zu lange warten.[60] Ergeben sich beim **Ausformulieren** Zweifel und offene Fragen, muss noch ausreichend Zeit zur Verfügung stehen, um diesen nachzugehen. Schreiben selbst ist ein Aspekt der inhaltlichen Aneignung und Auseinandersetzung mit den eigenen Gedanken. Schreiben ist ein kognitiver Akt des Aneignens, Verstehens und Vermittelns von Ideen und Gedanken. Es zwingt, die Gedanken präzise zu fassen. Schreiben ist nicht nur eine Form, Erkenntnisse darzustellen, sondern ein Weg, Erkenntnisse zu gewinnen, zu ordnen und zu strukturieren. Das Verbalisieren von Gedanken führt oft zu neuen Erkenntnissen und Einsichten. Es schafft Distanz zum eigenen Denken

---

59 Kosman, Lisa: Wie schreibe ich juristische Hausarbeiten, 2. A., Berlin 1997, S. 19.
60 Ebenso Standop, Ewald/Meyer, Matthias S. 17.

und erleichtert die Rückbesinnung auf lückenhafte Erfassung, Darstellung und Argumentation. Deshalb sollten die Verfasser zweigleisig verfahren:

- neben der Fortsetzung der Materialsammlung sollten sie
- mit der ersten Niederschrift beginnen.

Keinesfalls sollten die Studierenden mit der Ausformulierung zuwarten, bis sie alles Material gesichtet haben. Es besteht die Gefahr, dass sie zuviel Zeit für Fragestellungen verwenden, die entgegen dem ersten Anschein keine zentrale Rolle spielen und sie offene Fragestellungen erst erkennen, wenn kaum mehr Zeit zur Literaturbeschaffung zur Verfügung steht. Ein **früher Einstieg** in die Ausformulierung bietet Gelegenheit zur Problemeingrenzung und damit zur Eingrenzung der Literatursuche. Es eröffnet den Blick auf weitere dazugehörige Fragestellungen und die erforderlichen Literaturrecherchen. Der Rohentwurf ist die Grundlage für das Ausformulieren der endgültigen Fassung des Manuskriptes am PC. Die Niederschrift ist ein ständiger Prozess von Entwerfen und Korrigieren bis der sichere und wirkungsvolle Ausdruck gefunden ist.

Der Rohentwurf kann Anhaltspunkte dafür bieten, ob die Umfangvorgaben eingehalten werden können. Er zeigt die Notwendigkeit von Kürzungen und Streichungen, aber auch die Notwendigkeit von Erweiterungen.

6.3.1. Ausformulieren von Themenschwerpunkten

Liegt erstes Material zu einem Themenschwerpunkt vor, kann mit einer Grobformulierung begonnen werden. Für diese **Grobformulierung** gibt es im Grunde zweierlei Vorgehensweisen:

a. Zitate aus den Exzerpten und Kopien werden gesammelt und geordnet niedergeschrieben, um anschließend um sie herum einen eigenen Text aufzubauen.

b. Der Gegenstand wird in eigenen Worten niedergeschrieben. Danach lassen sich die Zitate aus den gesammelten Quellen einbauen.

Es kann genügen, die wesentlichen Aussagen aus den vorliegenden Materialien zusammenzustellen und aufzulisten. Hierbei sind bereits die Kurzbelege für die Fußnoten einzuarbeiten. In diesem Entwurfsstadium bedarf es keiner exakten, stilistisch einwandfreien Ausformulierung. Vorerst steht die **gedankliche Konzeption** im **Vordergrund** und noch nicht der sprachliche Ausdruck.[61]

Im Laufe der Zeit kommen noch immer neue Erkenntnisse hinzu und die Thematik nimmt immer mehr eigene Gestalt an. Hier bietet es sich an, mit dem PC zu arbeiten. Dies gestattet laufende Änderungen und Erweiterungen, ohne dass einzelne Passagen immer wieder neu geschrieben werden müssen.

---

61 Teubner, Ernst: Die Examens- und Übungshausarbeit im Bürgerlichen Recht, einschließlich des Verfahrensrechts, Köln u. a. 1988, S. 27.

6.3.2. Darstellung eines Meinungsstreits

Besteht zu einer Rechtsfrage, einer Vorgehensweise oder einem praktischen Lösungsansatz ein Meinungsstreit, muss dieser dargestellt und entschieden werden. Der Meinungsstreit ist nach Meinungsgruppen zu gliedern.

Für die Darstellung und die Befassung mit den einzelnen **Meinungsgruppen** gibt es verschiedene Möglichkeiten:[62]

a. Der Verfasser kann alle Meinungsgruppen hintereinander darstellen. Im Anschluss kann man zu jeder Meinungsgruppe die pro- und contra-Argumente darstellen und abwägen.

b. Der Autor beginnt mit der Darstellung einer Meinung, der er im Ergebnis nicht folgen will. Es erfolgt sogleich die Auseinandersetzung mit dieser Meinung und Entkräftung derselben. So verfährt der Autor mit den anderen Meinungsgruppen ebenfalls. Zuletzt stellt er die Meinung dar, die er teilt. Die gegen diese Meinung vorgebrachten Argumente werden entkräftet und schließlich die entscheidenden pro-Argumente aufgeführt.

c. Es wird mit der Meinung begonnen, der gefolgt werden soll. Es werden die dagegen vorgebrachten Bedenken entkräftet und die dafür sprechenden Argumente angeführt. Danach kommen die Meinungen, denen nicht gefolgt werden soll, mit den entsprechenden Gegenargumenten.

Unzureichend ist es, wenn Studierende fremde Ansichten zu Rechtsfragen einfach übernehmen und nicht hinterfragen. Allzu gerne beschränken sich Studierende auf die Feststellung fremder Ansichten und vergessen darüber die Begründung. Für eine wissenschaftliche Arbeit gilt **Begründungspflicht** und die Notwendigkeit, Meinungen auf ihre Plausibilität zu überprüfen.[63]

Meinungen sind zu begründen und auf ihre Plausibilität zu prüfen.

Eine Übernahme ohne weitere Begründung kann erfolgen, wenn es keinen vernünftigen und greifbaren Zweifel an der Folgerichtigkeit der Ansicht gibt, was nicht immer der Fall sein wird. Ansonsten sind die Argumente aufzuführen, die für diese Meinung sprechen. Die Argumentation darf sich nicht auf die Wiederholung der Argumente beschränken, denen sich der Meinungsträger selbst bedient. Diese sind zu bewerten und um eigene Argumente zu ergänzen. Gegenargumente sind zu entkräften. Hier spiegelt sich die Fähigkeit im Umgang mit Argumentationstechniken wider.

Bei Meinungsverschiedenheiten über Gesetzesauslegung und Gesetzesanwendung sind die von der Methodenlehre entwickelten klassischen Auslegungs- und Rechtsfortbildungskriterien heranzuziehen, um von der fremden Argumentation zu einer eigenständigen Argumentation zu kommen.

---

62 Kosman, Lisa S. 51 f.
63 Schlichte, Klaus S. 93.

6.3.3. Abrundungen

Ausführungen, die nicht zum Thema gehören, nicht zu seiner Entwicklung beitragen, sind zu streichen. Häufig äußern Studierende, dass sie Ausführungen beibehalten haben, weil diese ihnen interessant, wissenswert erscheinen. Ein allgemeines Interesse genügt auf keinen Fall. Die Ausführungen müssen für die **Entwicklung des Themas notwendig** sein und zur Entwicklung des erkenntnisleitenden Interesses beitragen. Es ist immer die Frage zu stellen, ob eine angestellte Aussage dem erkenntnisleitenden Interesse dient, die Arbeit einen Schritt weiter auf ihr Ziel hinführt. Es ist auf die Themenbezogenheit der Ausführungen und damit auf ihre Geschlossenheit zu achten.[64]

Ist etwas erst einmal zu Papier gebracht, fällt es schwer, sich davon zu trennen. Die dahinter steckende Arbeit war umsonst. Es fällt obendrein schwer, Wichtiges von Unwichtigem zu unterscheiden. Hinzu kann kommen, dass diese Ausführungen bei anderen Autoren ggf. übernommen wurden. Es fehlen der Mut und das eigenständige Denken sich von diesem Vorbild zu lösen. Es ist zu bedenken, dass diese Autoren ggf. mit einer anderen Perspektive, mit einer anderen Fragestellung an ihre Darstellung gegangen sind.

Anders als bei einem Lehrbuch kommt es nicht auf die Darstellung aller Probleme an, die bei einer Rechtsnorm, einem Rechtsgebiet auftreten können. Es sind nur die Probleme zu erörtern, die mit dem Thema der Arbeit zu tun haben und zur Entwicklung des Themas beitragen. Die Frage nach der praktischen Relevanz einer Problematik kann hilfreich sein, um unerhebliche Randprobleme zu erkennen und zu streichen.

Die **Notwendigkeit** zu Ergänzungen ergibt sich oftmals aus folgenden Gegebenheiten:

- Bei Formulierung und Reihung der Themenschwerpunkte kann sich herausstellen, dass eine Darstellung noch unzureichend ist oder sich gar Lücken in der Darstellung auftun.
- Eine als einhellig betrachtete Meinung ist in sich widersprüchlich.
- Es stellt sich heraus, dass bei einem Meinungsstreit bislang nur eine Seite dargestellt wurde, alleine die Argumente einer Seite festgehalten wurden und die widerstreitende Ansicht nicht oder ohne ihre Gegenargumente dargestellt wurde. Die Abhandlung ist zu vervollständigen.
- Es wurden nicht alle in Betracht kommenden Anspruchs- bzw. Eingriffsgrundlagen erörtert. Ein ergänzender Hinweis ist erforderlich.

Die Auswertung des Materials kann ergeben, dass Abrundungen der Thematik fehlen, um das Thema der Arbeit umfassend darzustellen. Zu den abrundenden Fragestellungen *beim Thema Veröffentlichungen aus Gemeinderatssitzungen – Das Recht des Gemeinderats auf Schutz seines Persönlichkeitsrechts* könnte der Anspruch auf Gegendarstellung oder der formelle Schutz

---

64 Theisen, Manuel S. 100.

wie Klage und einstweilige Anordnung gehören. Auch eigenes Assoziieren kann hierfür Anhaltspunkte liefern. Passende Assoziationen können sich aus der Überlegung ergeben, welche Schwierigkeiten, welche Weiterungen in der Praxis folgen können:

a. Besteht ein zivilrechtlicher Anspruch, kann es angezeigt sein, kurz auf Fragen der prozessualen Durchsetzung einzugehen. *Die Verfolgung von Unterhaltsansprüchen kann bei einem ausländischen Wohnsitz des Verpflichteten auf erhebliche Schwierigkeiten stoßen.*

b. Liegen die Voraussetzungen eines öffentlich-rechtlichen Eingriffs vor, kann es geboten sein, die zuständige Behörde zu bestimmen und mögliche Rechtsbehelfe und Rechtsmittel aufzuzeigen.

c. Liegt ein Verstoß gegen Rechtsvorschriften vor, werden die Rechte Dritter beeinträchtigt, sind neben Beseitigungs- und Unterlassungsansprüchen auch Maßnahmen des Straf- und Ordnungswidrigkeitenrechts zu bedenken.

d. Geht es darum, einen gefährlichen Zustand zu beseitigen, ist im Zivilrecht nicht nur die Anspruchsgrundlage darzustellen. Es können Ausführungen zur Selbsthilfe bzw. einstweiligen Verfügung hinzukommen.

e. Ist ein gefährlicher Zustand zu beseitigen, sind im öffentlichen Recht neben den möglichen Eingriffsgrundlagen auch der Sofortvollzug und die unmittelbare Ausführung zu bedenken.

f. Soweit ein gefährlicher Zustand zu beseitigen ist, können sowohl Maßnahmen des Zivilrechts wie des öffentlichen Rechts nebeneinander eingreifen. Beide Möglichkeiten sind je nach Themenstellung mehr oder weniger ausführlich darzustellen.

g. Gemeinden können manche ihrer Einrichtungen sowohl in privatrechtlicher wie auch in öffentlich-rechtlicher Rechtsform organisieren. Staatliche Leistungen können in zivil- oder öffentlich-rechtlicher Rechtsform gewährt werden. Die Vor- und Nachteile sind darzustellen.

Diese Abrundungen sind, soweit ein **innerer Zusammenhang** und eine **Notwendigkeit** für ihre Erörterung besteht und die Umfangvorgaben es zulassen, in die Arbeitsgliederung einzuarbeiten. Deshalb war es erforderlich, bei der Literatursuche und Materialauswertung sich nicht von vornherein zu sehr zu beschränken. Die Arbeitsgliederung wird um diese Abrundungen sukzessive fortgeschrieben. Es ist jedoch darauf zu achten, dass nicht das Thema der wissenschaftlichen Arbeit verloren geht und ein lehrbuchartiges Werk entsteht. Beim Thema *Veröffentlichungen aus Gemeinderatssitzungen – Das Recht des Gemeinderats auf Schutz seiner Persönlichkeit* haben z. B. Erörterungen zum postmortalen Persönlichkeitsrecht kaum etwas zu suchen.

Die einzelnen Themenschwerpunkte stehen nicht isoliert nebeneinander. Zwischen ihnen besteht ein Zusammenhang. Manche Zusammenhänge leuchten ohne Weiteres ein. Ergibt sich der Zusammenhang nicht schon von selbst, so ist er deutlich zu machen. Er muss ausformuliert werden, die verbindenden Elemente sind aufzuzeigen. Auch Schaubilder, Diagramme und Tabellen können wichtige Verständnishilfen und Erkenntniswerkzeuge bilden.

7. Die Strukturierung

Wissenschaftliche Arbeiten bedürfen einer durchdachten Struktur. Ein Gedanke muss schlüssig auf dem vorangegangenen Gedanken aufbauen und die Arbeit inhaltlich vorantreiben. Es ist die Aufgabe des Aufbaus, für eine **schlüssige Darstellung** zu sorgen.

Es genügt nicht, die Ausführungen aufeinander abzustimmen und aufzubauen. Zur übersichtlichen Gestaltung der Arbeit bedarf es der optischen Gliederung in Kapitel und Abschnitte mit signifikanten Überschriften, die durch die Arbeit führen. Die äußere Gliederung unterstreicht optisch den inneren Aufbau mit seiner Gedankenführung und Schwerpunktbildung.

Die einzelnen **Teile** der Arbeit müssen zueinander in einem **angemessenen Umfang** stehen. Selbstverständlichkeiten und Nebensächlichkeiten darf kein breiter Raum zukommen.

7.1. Aufbau

Es stellt sich die Frage, in welcher Reihenfolge die verschiedenen Themenschwerpunkte abzuhandeln sind. Die Reihenfolge umschreibt den Aufbau der Arbeit. Bereits bei der Materialsammlung kann sich zeigen, dass zwischen den einzelnen Themenschwerpunkten, aber auch bei der Gestaltung und inneren Gliederung eines Schwerpunktes eine Reihenfolge vorgegeben ist. **Anhaltspunkte** können sich aus der Darstellung anderer Autoren ergeben. Diese Darstellungen sind jedoch kritisch zu überprüfen, da deren Aufbau nicht zwingend ist. Die Autoren verfolgen mit ihrer Darstellung ggf. ein anderes erkenntnisleitendes Interesse als die eigene Arbeit und haben den Aufbau in den Dienst dieses Zieles gestellt. Andere Werke sind nur Modelle für eine Darstellung.

Für die Arbeit ist unter Zugrundelegung von **logischen** und **sachlichen Vorgaben** ein eigener angemessener Aufbau zu entwickeln. Ein gelungener Aufbau fördert das Verständnis und die Schlüssigkeit der Arbeit. Er trägt zur Stringenz und Straffheit der Darstellung bei. Wiederholungen, fehlende Zusammenhänge, weit hergeholte Ausführungen und schwer verständliche Ausführungen sollten Anlass geben, den Aufbau zu überdenken.

Ein bestimmter Aufbau, eine bestimmte Reihenfolge unter den Themenschwerpunkten kann sich aus einer logischen Priorität ergeben. Eine solche **logische Priorität** besteht, wenn eine Frage nur erörtert werden kann, soweit eine Vorfrage abgeklärt ist. Beim Thema *Veröffentlichungen aus Gemeinderatssitzungen* könnte neben den Schwerpunkt *Widerruf unwahrer Behauptungen in der Presse* die weitere Frage *Schutz des Persönlichkeitsrechts contra Meinungs- und Pressefreiheit* treten. Der zweite Themenschwerpunkt ist dem Themenschwerpunkt *Widerruf* vorgreiflich und damit voranzustellen. Nur wenn feststeht, dass eine Persönlichkeitsverletzung vorliegt, kommt der

Widerruf als besondere Form der Wiederherstellung des früheren Zustandes in Betracht.

Logischen Prioritäten ist beim Aufbau zwingend Rechnung zu tragen.[65] Zu den logischen Prioritäten zählen die folgenden **Konstellationen:**

- Die Rechtswirksamkeit einer Norm ist zu klären, bevor diese zur Anwendung kommen kann. Wurde eine Norm nicht wirksam erlassen, ist diese nichtig. Sie kann keine Wirkungen entfalten und nicht zur Anwendung kommen.

- Es ist der Tatbestand einer Norm zu prüfen, bevor ihre Rechtsfolge eingreifen kann. Ist der Tatbestand nicht erfüllt, wird die Rechtsfolge nicht ausgelöst.

- Jeder Anspruch im Privatrecht setzt voraus, dass eine Anspruchsgrundlage gegeben ist. Nur wenn es eine Anspruchsgrundlage gibt und diese im konkreten Fall zutreffend ist, kommt die Rechtsfolge zur Anwendung.

- Jeder Eingriff im öffentlichen Recht setzt eine Eingriffsgrundlage voraus. Es muss sodann geklärt werden, ob diese einschlägig ist, bevor die verschiedenen Eingriffsmöglichkeiten zur Erörterung kommen.

- Im Verfahrens- und Prozessrecht ist die Zulässigkeit eines Antrags oder einer Klage vor der Begründetheit zu erörtern.

Für einen bestimmten Aufbau können neben logischen auch sachliche Gesichtspunkte sprechen. Dieser sachliche Aufbau ist zwar nicht zwingend. Er vermag aber das Verständnis der Arbeit und die Schlüssigkeit erheblich zu fördern. Dem Verständnis der Arbeit dienen gewisse **inhaltliche Regeln** der Darstellung:

- Erläuterungsbedürftige Begriffe, Begriffsabgrenzungen, Definitionen sind zu bestimmen, damit sich keine Unschärfen durch die Arbeit ziehen.

- Jeder Gedanke muss auf dem vorhergehenden aufbauen. Gedankensprünge sind zu vermeiden.

- Sachlich zusammengehörige Erörterungen sind möglichst nacheinander niederzulegen.

- Zusammengehöriges darf nicht auseinander gerissen werden; es ist in einem Zuge darzustellen.

- Wiederholungen bei den Erörterungen sind zu vermeiden.[66] Wiederholungen legen die Vermutung nahe, dass Gedanken nicht zu Ende gedacht wurden oder Zusammenhängendes auseinandergerissen wurde.

- Es ist weiter darauf zu achten, dass eine neue Gedanken- und Argumentationskette erst begonnen wird, wenn die vorangegangenen Ausführungen abgeschlossen sind. Ansonsten besteht die Gefahr, dass die Gedanken sich im Kreise bewegen.

---

65 Kohler-Gehrig, Eleonora: Einführung in das Recht, Heidelberg 1997, S. 159 ff.
66 Bänsch, Axel S. 3.

- Zweifelsfragen sind dort zu klären, wo sie erstmals auftreten. Es erschwert sonst das Verständnis, wenn auf eine Klärung an einer nachfolgenden Stelle verwiesen wird.
- Ergänzende Fragestellungen zur Abrundung eines Themas gehören zumeist an den Schluss der Ausarbeitung.

Dieser Aufbau der Arbeit darf nicht mit der Einteilung des Textteils in Einleitung, Hauptteil und Schlussteil verwechselt werden. Es handelt sich bei diesen Aufbaufragen um die Abfolge der einzelnen Elemente innerhalb dieser Teile.

7.2. Gliederung

Sobald die einzelnen Teile und Textpassagen des Hauptteils feststehen, bedarf dieser der **Detailgliederung** und der Ausgestaltung mit **Überschriften**. Dem Aufbau der Arbeit und der damit verbundenen gedanklichen inneren Gliederung der Arbeit hat eine äußere Gliederung zu entsprechen. Die endgültige Gliederung der Arbeit kann von der ursprünglichen Arbeitsgliederung erheblich abweichen. Das ist die Konsequenz der Tatsache, dass sich vom Einstieg in die Arbeit bis zu ihrer Fertigstellung viele Erkenntnisse und Änderungen ergeben können.

Die Gliederung mit den jeweiligen Überschriften bildet den Kern des Inhaltsverzeichnisses und strukturiert die einzelnen Teile der Arbeit. Wegen ihrer hervorgehobenen Stellung im Inhaltsverzeichnis zu Beginn der Arbeit, aber auch innerhalb der Arbeit selbst, ist auf die Gliederung besondere Sorgfalt zu verwenden. Für die Gliederung stehen verschiedene **Gestaltungsmöglichkeiten** zur Verfügung:[67]

a. Es gibt die alphanumerische Gliederung nach Buchstaben und Zahlen:

Linienprinzip	Abstufungsprinzip		
A. Lateinische Großbuchstaben für Teile	A.		
I. Römische Zahlen für Kapitel	I.		
1. Arabische Zahlen für Abschnitte		1.	
a. lateinische Kleinbuchstaben für Unterabschnitte			a.
b.			b.
α. Griechische Kleinbuchstaben für Absätze			α.
β.			β.
2.		2.	
II.	II.		

Mit den wechselnden Symbolen bietet das alphanumerische System bereits optisch eine signifikante Unterscheidung. Es ist eher in Lehrbüchern und Monografien anzutreffen als in Seminar- und Abschlussarbeiten.[68]

---

67 Theisen, Manuel S. 102 ff.
68 Bevorzugt von Putzke, Holm S. 36.

b. In wissenschaftlichen Arbeiten kommt eher die Dezimalgliederung zur Anwendung, auch dekadische Gliederung genannt. Für diese kommen verschiedene Darstellungen in Betracht:

1. Linienprinzip	1. Abstufungs-prinzip	2. Linienprinzip	2. Abstufungs-prinzip
1.	1.	I.	I.
1.1.	1.1.	1.	1.
1.2.	1.2.	2.	2.
1.2.1.	1.2.1.	2.1.	2.1.
1.2.2.	1.2.2.	2.2.	2.2.
1.3.	1.3.	3.	3.
2.	2.	II.	II.

Zunehmend ist die Gestaltung anzutreffen, den Schlusspunkt nach der letzten Ziffer wegzulassen. Es ist gleichgültig, welches Gliederungsprinzip gewählt wird. Es muss nur strikt eingehalten werden. Zunehmend wird die Dezimalgliederung mit einem Linienprinzip bevorzugt.[69] Die Dezimalgliederung ist gegenüber der alphanumerischen Gliederung übersichtlicher.

Die einzelnen Gliederungselemente müssen mit einer eigenen **Überschrift** versehen werden. Diese Überschrift muss identisch sein mit der Angabe im Inhaltsverzeichnis. Die Gliederung und die Gliederungsüberschriften sollen einen Überblick über den gedanklichen Aufbau der Arbeit geben. Sie sollen einen Wegweiser durch die Arbeit geben und das Auffinden einzelner Textteile erleichtern. Es sind prägnante, problemorientierte Schlagworte in substantivierter Ausdrucksweise zu wählen: Fragen, Sätze oder Abkürzungen gehören nicht in die Überschrift. Paragrafenangaben sind zu vermeiden.[70] Von allgemeinen Aussagen wie *Einleitung, Allgemeines, Besonderes* ist abzuraten.[71] Hinter Überschriften stehen keine Satzzeichen.

Die Gliederung hat nicht die Funktion einer verkürzten Inhaltswiedergabe. Deshalb bedarf es keiner minutiös angelegten Untergliederung. Eine übertriebene Untergliederung unterbricht den inhaltlichen Zusammenhang der Textpassagen und den Gedankenfluss. Es kann der Eindruck entstehen, dass ohne inhaltliche Leistung Seiten gefüllt werden sollen. Folgende **Anhaltspunkte** sind bei einer **Gliederung** zu beachten:

---

69 Rossig, Wolfram/Prätsch, Joachim S. 79; Seidenspinner, Gundolf S. 73; a. A. Kleinhenz, Holger/Deiters, Gerhard betrachten die alphanumerische Gliederung in juristischen Arbeiten als vorherrschend.
70 A. A. Kleinhenz, Holger/Deiters, Gerhard S. 29.
71 Bänsch, Axel S. 14; Kricsfalussy, Andreas S. 12; Theisen, Manuel S. 177.

- Nach einer Gliederung mit 1 muss mindestens 2, nach A muss wenigstens B folgen, getreu dem Sprichwort, wer A sagt, muss auch B sagen. Ansonsten bedarf es dieser Untergliederung nicht. Es genügt ein Absatz im Text.
- Nach jeder Gliederungsüberschrift muss ein Textteil mit Ausführungen zu dieser Überschrift folgen. Der Textteil sollte mehrere Sätze umfassen.[72] Ansonsten ist zu überlegen, ob diese Untergliederung überhaupt notwendig ist und ihr eine inhaltliche Bedeutung zukommt. Ein Absatz kann ggf. genügen.
- Folgt auf eine Gliederungsüberschrift sogleich die nächste Untergliederungsüberschrift, kommt den Gliederungsüberschriften die Funktion von Stichwortketten zu. Dies geht auf Kosten der Verständlichkeit, da der Zusammenhang verloren geht. Es handelt sich bei dieser Gestaltung um keine Gliederung mehr, deren Aufgabe es ist, einen Text zu gliedern, der in diesem Fall gerade fehlt.[73]
- Untergliederungen müssen einen übergeordneten Gliederungspunkt klären. Der übergeordnete Gliederungspunkt ist anhand eines gemeinsamen Kriteriums aufzuschlüsseln. Sie dürfen den übergeordneten Gliederungspunkt nicht wiederholen.
- Gleichrangige Gliederungspunkte müssen gleichwertig sein. Sie dürfen in keinem Über- bzw. Unterordnungsverhältnis stehen.
- Gleichrangige Gliederungspunkte müssen sich gegenseitig ausschließen.[74]

Viele Seminar- und Abschlussarbeiten sind Ausdruck einer grenzenlosen Gliederungsmanie, die auf Kosten der Verständlichkeit und Übersichtlichkeit geht. Hierzu zählen

- Überschriftenketten ohne Zwischentexte
- Überschriften für reine Aufzählungen
- Absätze nach jedem Satz ohne Rücksicht auf den Zusammenhang.

Balkenüberschriften ersetzen den Inhalt und die schlüssige Entwicklung des Themas nicht.

7.3. Gewichtung

Es ist auf eine angemessene Proportionierung der einzelnen Teile der Arbeit und ihrer einzelnen Gliederungspunkte zu achten. Die **wesentlichen** und **zentralen Probleme** müssen exakt und präzise ausformuliert werden.[75] Es ist

---

72 Bänsch, Axel S. 13; Rossig, Wolfram/Prätsch, Joachim S. 77.

73 A. A. Kropp, Waldemar/Huber, Alfred S. 84 f.

74 Brink, Alfred S. 146 ff.; Preißner, Andreas: Wissenschaftliches Arbeiten, 2. A., München 1998, S. 79.

75 Tettinger, Peter S. 217.

auf eine ausgewogene pro-und-contra-Argumentation zu achten. Verschiedene Ansichten sind zu berücksichtigen, das Für-und-Wider ist darzulegen und durch eigene Gedanken zu ergänzen. Ein Absatz oder eine Untergliederung vermag den Gesamtkomplex zu strukturieren.

Wissenschaftliche Arbeiten sollen eine praktikable Lösung eines Problems liefern. Sie sollen eine Auseinandersetzung mit den dazu vertretenen Ansichten bieten und zu wissenschaftlich fundierten Ergebnissen führen. Es genügt weder die kritiklose Übernahme fremder Ansichten, noch die abstrakt theoretische Aneinanderreihung von Rechtsproblemen. Es muss eine Synthese zwischen der Darstellung der Problematik, der Auseinandersetzung mit fremden Ansichten, der Abwägung und der Lösungsfindung erfolgen. Dieser Synthese ist entsprechender Raum in der Arbeit einzuräumen.

Es ist zudem darauf zu achten, dass nur die Probleme erörtert werden, die für die Darstellung und Entwicklung der Arbeit von Bedeutung sind. Auf keinen Fall dürfen die Bearbeiter **Scheinprobleme** erörtern, die vielleicht in anderem Zusammenhang, aber nicht für ihre Arbeit relevant sind. Wer Scheinprobleme diskutiert, offenbart, dass der Blick für das Wesentliche fehlt und er Wesentliches nicht von Unwesentlichem zu unterscheiden vermag.

Nebensächliches ist kurz abzuhandeln. Es ist davon abzuraten, **Randprobleme** unnötigerweise aufzugliedern und breit darzustellen. Von der Erörterung von Selbstverständlichkeiten und Trivialitäten ist abzusehen, da es die Vermutung nahe legt, dass nichts Entscheidendes mehr beizusteuern ist.

Wiederholungen sind zu vermeiden. Treten Wiederholungen auf, stellt sich die Frage, ob der Aufbau der Arbeit stimmig ist. Wiederholungen ziehen eine Arbeit unnötig in die Breite und langweilen den Leser. Es stellt sich der Eindruck ein, dass der Bearbeiter nichts Neues mehr beizutragen vermag.

Es ist weiter darauf zu achten, dass der Text nicht durch übermäßige Untergliederungen zergliedert wird und die Gliederung auf Kosten des Inhalts geht. Viele Leerzeilen auf einer Seite sprechen für inhaltliche Leere.

Der **Anlagenteil** muss in einem vernünftigen Verhältnis zum Textteil stehen. Nur dem Verständnis förderliche Anlagen sind aufzunehmen. Es ist zu prüfen, ob ggf. eine Anlage in den Textteil aufgenommen werden kann. Bedenklich ist die häufig anzutreffende Tendenz, kritiklos eine Vielzahl von Anlagen ohne Rücksicht auf ihren Inhalt in den Anhang aufzunehmen, selbst wenn der Anhang den Textteil in seinem Umfang übersteigt.

8. Der wissenschaftliche Standard

Seminar- und Diplomarbeiten, Bachelor- und Masterthesis sowie Doktorarbeiten sind wissenschaftliche Arbeiten. Um diesen Anspruch zu erfüllen, muss die Arbeit gewissen inhaltlichen und formalen Standards genügen. Dazu zählen

- die selbstständige Erarbeitung und Darstellung des Themas unter
- Aufbereitung der bestehenden Sachlage und des Meinungsstands
- die Auseinandersetzung mit den Ansichten anderer Autoren und Institutionen zu dem Thema durch Zitieren derselben.

Um diesen Standard zu erfüllen, muss eine Arbeit bestimmten **Darstellungsformen** genügen.

8.1. Zitierweise

Bei der Erstellung einer wissenschaftlichen Arbeit wird erwartet, dass die in Literatur und Rechtsprechung vertretenen Ansichten und hierzu entwickelten Lösungswege recherchiert werden und eine **Auseinandersetzung** damit erfolgt. Die vorgefundenen Ansichten sind zu belegen. Die Anlehnung an fremde Gedanken ist erlaubt. Das Urheberrecht fordert, dass diese Leihe kenntlich gemacht wird. Dies geschieht durch Zitate.

Zitate belegen, wieweit der Bearbeiter die Ausgangslage der wissenschaftlichen Betrachtung in Literatur und Rechtsprechung erfasst hat. Sie erlauben, aufgestellte Behauptungen überprüfbar und damit nachvollziehbar zu machen.[76]

Der Beleg fremder Ansichten und die Leihe fremder Gedanken erfolgt durch Zitate. Unter **Zitat** versteht man sowohl

- die wortgetreue Wiedergabe fremder Gedanken unter Angabe der Quelle, auch direktes Zitat genannt, oder
- die indirekte Wiedergabe fremder Gedanken in eigenen Worten des Bearbeiters unter Angabe der Quelle.

Beide Arten der Wiedergabe erfordern, dass der Autor als Quelle und die Fundstelle genannt wird. Folglich besteht das **Zitat** immer aus **mehreren Elementen**

- die Wiedergabe einer fremden Ansicht und
- der Angabe der Quelle nebst ihrer Fundstelle.

---

76 Standop, Ewald/Meyer, Matthias S. 35.

Das Zitat wird in wissenschaftlichen Arbeiten mittels einer hochgestellten Zahl im Text, die auf eine am unteren Seitenrand befindliche Fußnote verweist, kenntlich gemacht. In der **Fußnote** wird die **Quelle des Zitats** und dessen **Fundstelle** nachgewiesen. Diese formale Gestaltung des Zitats ergänzt die inhaltliche Seite der Befassung und Auseinandersetzung mit fremdem Gedankengut.[77]

Wird innerhalb eines Satzes auf das Gedankengut eines fremden Autors verwiesen, muss das Fußnotenzeichen direkt hinter die betreffende Passage gesetzt werden. Ansonsten wird das Fußnotenzeichen am Satzende direkt hinter das Satzzeichen gestellt. Die Fußnoten sind in Ziffern anzugeben. Es ist in den Rechtswissenschaften üblich, sie durch die ganze Arbeit fortlaufend durchzunummerieren.[78]

In juristischen Texten werden überwiegend Fußnoten statt Endnoten und Klammereinschüben verwendet, wie sie in anderen Wissenschaften anzutreffen sind. Diese Angabe in Fußnoten ist der Angabe in Klammerzusätzen nach der zitierten Passage vorzuziehen.[79] Klammerzusätze unterbrechen den laufenden Text und den Lesefluss. Sie sind dessen Verständlichkeit abträglich. Durch die Platzierung der Fußnote am unteren Rand anstelle einer Endnote im Anhang nach Textende kann der Leser bei Bedarf die Art des Zitats und dessen Inhalt sofort aufnehmen. Es erspart ein umständliches Umblättern. Der Zusammenhang bleibt erhalten.

Beim Zitieren wird **unterschieden** zwischen der

- direkten Wiedergabe und
- der indirekten Wiedergabe.

Die **direkte Wiedergabe** erfolgt durch wörtliche Wiedergabe der Zitatstelle. Die direkte Wiedergabe wiederholt die Aussage, lässt aber offen, wie die Aussage verstanden wurde. Wörtliche Zitate bewirken häufig einen Bruch in der Darstellung und Sprache. Außerdem legen umfangreiche oder häufige wörtliche Zitate die Vermutung nahe, dass Unsicherheit oder Bequemlichkeit dahinter stehen, dass der Verfasser selbst nichts zu sagen hat.[80] Der Umfang der Arbeit wächst, ohne dass es ihrem Inhalt dient. Auf die direkte Wiedergabe sollte daher grundsätzlich verzichtet werden.[81] Kommt es für die Argumentation auf jedes Wort an oder handelt es sich um eine prägnante Formulierung, ist das wörtliche Zitat ausnahmsweise sinnvoll.[82]

---

77 Ebenso Möllers, Thomas; Juristische Arbeitstechnik und wissenschaftliches Arbeiten, 3. A., München 2005, S. 146 f.; Preißner, Andreas S. 85.

78 Rossig, Wolfram/Prätsch, Joachim S. 150: Slapnicar, Klaus S. 174; a. A. Theisen, Manuel S. 175 für seitenweise Zählung.

79 Gegen Fußnoten: Krämer, Walter S. 79, 149 bevorzugt das Harvard-System mit Angaben in runden Klammern im laufenden Text; ähnlich Bänsch, Axel S. 50.

80 Bänsch, Axel S. 8; Standop, Ewald/Meyer, Matthias S. 35.

81 A. A. Standop, Ewald/Meyer, Matthias S. 36.

82 Karmasin, Matthias/Ribing, Rainer S. 87.

Die zitierte Passage ist beim wörtlichen Zitat mit allen Hervorhebungen und Zeichen des Originals zu übernehmen. Das wörtliche Zitat ist äußerlich durch Anführungsstriche kenntlich zu machen. Eine kursive Hervorhebung kann genügen. Der Urheber des wörtlichen Zitats kann im Textteil selbst in Klammern hinter der zitierten Passage benannt werden. Die weiteren Quellenangaben bleiben der Fußnote überlassen. Um den Lesefluss durch den Klammereinschub nicht zu stören, ist es aber vorteilhafter, die Quellenangabe insgesamt in der Fußnote zu verorten.

Eine Passage kann auszugsweise zitiert werden, indem bestimmte Teile weggelassen werden. Die Weglassung wird durch Punkte kenntlich gemacht: Zwei Punkte bei Weglassung eines Wortes, ansonsten drei Punkte bei Weglassung mehrerer Worte.

Die **indirekte Wiedergabe** erfolgt durch Umschreibung der Zitatstelle in eigenen Worten. In einer wissenschaftlichen Arbeit wird die Darstellung und die Auseinandersetzung mit fremden Gedanken bzw. Ansichten zu verschiedenen Rechtsfragen verlangt. In der Regel sind fremde Gedanken in eigene Worte zu kleiden. Damit zeigt der Bearbeiter, dass er die Aussage verstanden hat und integriert sie in seine Arbeit. In den Fußnoten sind die Belegstellen für die fremden Ansichten aufzunehmen, damit der Leser diese nachlesen kann. Zitate sollen die Gründlichkeit der Befassung mit dem Meinungsstand belegen.

Wird in einer wissenschaftlichen Arbeit nur wenig zitiert, kann dies den Verdacht des Plagiats nach sich ziehen. Es kann aber auch die Vermutung hervorrufen, dass die Recherche an der Oberfläche blieb. Das richtige und wahrheitsgemäße Zitieren ist eine Grundvoraussetzung und eine Selbstverständlichkeit des wissenschaftlichen Arbeitens.[83]

Das Zitieren fremder Ansichten ist kein Ersatz für die pro- und contra-Argumentation zu dieser Ansicht. Eine Ansicht ist immer nur so stark wie die dafür aufgeführten Argumente. Das Zitieren darf nicht zur Autoritätsgläubigkeit führen. Es ist kein Ersatz für eigene Gedanken und Standpunkte.

8.2. Inhalt der Fußnote

In die Fußnoten gehören, neben den **Quellenbelegen** zu den im Text durch Fußnotenzeichen gekennzeichneten Zitaten, **Randbemerkungen** des Verfassers, die im Textteil stören würden. Indirekte Zitatquellen werden in Fußnoten häufig durch *vgl.* oder *siehe* kenntlich gemacht, während bei direkten Zitatquellen dieser Hinweis nicht erscheinen darf.[84] Die Fußnote beginnt mit Großbuchstaben und endet mit einem Punkt.

---

83 Lück, Wolfgang, S. 61.
84 Schenk, Hans-Otto S. 215.

Die im laufenden Text angesprochenen Gerichtsentscheidungen und Autorenmeinungen sowie deren Fundstellen gehören ebenfalls in die Fußnote. Die getroffene Auswahl sollte repräsentativ sein. Es sollten nur solche Quellen zitiert werden, die eine eigene Aussage zu einem Problem beinhalten und sich nicht darauf beschränken, fremde Ansichten zu zitieren. Die Quellen sollten nach den Kriterien

- Aktualität
- Qualität
- Inhalt und Informationsgehalt

ausgewählt werden.

In einer Fußnote können mehrere Quellen für eine Ansicht angegeben werden. Es werden zuerst die Rechtsprechung, dann die Kommentarmeinungen und schließlich die sonstige Literatur wie Aufsätze und Monografien aufgeführt. Nach dem Prioritätsprinzip werden zuerst die Gerichte und Autoren genannt, die einen Gedanken zuerst entwickelt haben. Sodann folgen die Gerichte und Autoren, die den Gedanken fortentwickelt haben.[85] Eine herrschende Meinung ist durch mindestens zwei Fundstellen zu belegen. Es kann im Anschluss an eine bestätigende Quelle in derselben Fußnote eine Gegenmeinung mit dem Hinweis *a. A.* für andere Ansicht zitiert werden. Grundsätzlich **nicht** in die Fußnoten gehören Paragrafenangaben. Diese sind im laufenden Text anzubringen.

Selbstverständlichkeiten müssen nicht zitiert werden. Einer Fußnote bedarf es hierfür nicht.

Die Fußnote hat die Funktion, die angeführten Quellen, Meinungen und Ansichten nachprüfbar darzustellen. Außerdem belegen Fußnoten, wie intensiv der Bearbeiter die Literaturrecherche durchgeführt hat.

8.2.1. Rechtsprechung

Es ist zu untersuchen, ob es eine **veröffentlichte** höchstrichterliche Rechtsprechung gibt. Bei veröffentlichten Entscheidungen sind das Gericht und die exakte Fundstelle in einer Entscheidungssammlung oder Zeitschrift anzugeben. Bei **unveröffentlichten** Entscheidungen sind das Gericht, das Datum der Entscheidung und das Aktenzeichen mit dem Hinweis *unveröffentlicht* zu nennen. Die Angabe des Aktenzeichens hat sich bei veröffentlichten Entscheidungen noch nicht durchgesetzt, obwohl dies zur raschen Suche in elektronischen Medien hilfreich sein kann.[86] Unzulänglich ist bei veröffentlichten Gerichtsentscheidungen der mittelbare Bezug auf eine Gerichtsentscheidung durch die Angabe eines Autors in

---

85 Slapnicar, Klaus S. 160.
86 Putzke, Holm S. 64 empfiehlt deshalb ein gesondertes Rechtsprechungsverzeichnis.

der Fußnote, der sich mit der Entscheidung befasst hat. Diese Angabe führt nicht direkt zu der Gerichtsentscheidung. Solche Blindzitate sind unbedingt zu vermeiden. Es ist offen, ob der Autor die Entscheidung passend und vollständig interpretiert hat. Diese Vorgehensweise führt zur ungeprüften Übernahme fremder Darstellungen und birgt die Gefahr von Verfälschungen in sich. Damit verliert die Arbeit an Tiefe und Eigenleistung.

Bei veröffentlichten Gerichtsentscheidungen ist die **exakte Belegstelle** anzugeben wie *BGHZ 42 S. 138, 144* oder *BGH NJW 1984 S. 34, 36.* Gleichwertig ist die Darstellung *BGHZ 42, 138, 144* und *BGH NJW 1984, 34, 36.* Folgen mehrere Entscheidungen eines Gerichts in derselben Entscheidungssammlung oder Zeitschrift muss diese nicht jedes Mal angegeben werden. Die einzelnen Entscheidungen in derselben Sammlung sind durch Semikolon zu trennen wie *BGHZ 2 S. 56, 63; 14 S. 199, 203.* Es ist nicht genügend, nur die erste Seite anzugeben, auf der die Gerichtsentscheidung beginnt, wenn nicht schon auf dieser Seite die relevanten Ausführungen nachzulesen sind. Lediglich die Angabe der Seite mit den relevanten Ausführungen reicht wiederum nicht. Entschieden wird nur ein Einzelfall und dessen Besonderheiten sind dem Sachverhalt am Beginn der Entscheidung zu entnehmen. Deshalb ist die erste **Seite** anzugeben, auf der die **Entscheidung beginnt** und die **Seite** mit den **relevanten Ausführungen,** die für die Auseinandersetzung in der Arbeit von Bedeutung sind. Erstreckt sich die Ausführung auf die nachfolgende Seite, ist dies durch Angabe der Anfangsseite und des Kürzels *f.* kenntlich zu machen. Erstrecken sich die relevanten Ausführungen auf mehr als zwei Seiten, ist dies durch das Kürzel *ff.* hervorzuheben. Noch besser, weil genauer, als *ff.* ist die exakte Seitenangabe mit der ersten und der letzten Seite des Zitats wie *BGHZ 64 S. 48, 56–59.*

Wurde eine Gerichtsentscheidung in mehreren Zeitschriften gleichzeitig veröffentlicht, genügt es regelmäßig, die **Zeitschriftenquelle** anzugeben, die am ehesten zugänglich ist. Bei richtungsweisenden Entscheidungen können mehrere Quellen nebeneinander angegeben werden. Es ist durch ein = kenntlich zu machen, dass sich die Angaben auf dieselbe Entscheidung beziehen. Es darf nicht der Eindruck entstehen, es handle sich um verschiedene Entscheidungen.

In manchen Gerichtsentscheidungen wird deutlich gemacht, dass diese hinsichtlich der Auseinandersetzung mit einer Rechtsfrage auf früheren Entscheidungen aufbauen, die ihrerseits detailliert zitiert werden. Es bedarf dann nicht der Anführung aller Entscheidungen in der Fußnote. Es genügt die Angabe der jüngsten Entscheidung, die ihrerseits frühere Entscheidungen zitiert mit dem Vermerk *m. w. N.,* der für *mit weiteren Nachweisen* steht. Dieser Vermerk macht dem Leser deutlich, dass in dieser Entscheidung Hinweise auf die frühere Rechtsprechung enthalten ist und diese Quellen dort nachgelesen werden können.

Die Rechtsprechung wird nach der **Hierarchie der Gerichte** geordnet. Bei Entscheidungen der Gerichte derselben Hierarchieebene wird mit der ältesten Entscheidung begonnen.[87] Auf jeden Fall sollten die richtungsweisenden Entscheidungen angegeben werden. Diese kann man durch Zusätze wie *BVerfGE 34 S. 269, 282 – Soraya* hervorheben.

Eine besondere Zitierweise gibt es bei Entscheidungen des Europäischen Gerichtshofs. Es werden neben dem Jahresband und der Seite, das Aktenzeichen der Rechtssache und noch mindestens der Name einer der Parteien aufgeführt. Dies kann lauten: *EuGH, Rs. 283/81, Slg. 1982 S. 3415 (C.I.L.F.I.T.).*

Manche nichtamtlichen Entscheidungssammlungen haben ein eigenes Ordnungssystem wie *BVerwGE Buchholz 40 2. 24 § 10 AuslG Nr. 98.* Dieses Ordnungssystem ist der Zitierweise zugrunde zu legen.

Soweit eine Entscheidung nur in einer Entscheidungsdatenbank wie Juris veröffentlicht ist, sind das Gericht, die Art der Entscheidung, Datum der Entscheidung, Aktenzeichen und die Juris-Dokumentennummer anzugeben. Die Entscheidung ist im Anhang aufzunehmen, darauf ist in der Fußnote hinzuweisen.

8.2.2. Kommentare, Monografien, Aufsätze

Sonstige Literaturzitate wie Kommentare, Monographien und Aufsätze können in den Fußnoten als Voll- oder Kurzbeleg auftauchen.

Beim **Vollbeleg** wird die Literatur in vollem Umfang wie im Literaturverzeichnis aufgeführt einschließlich der exakten Seitenangabe oder der Randnummer, der das Zitat entnommen ist. Um die Fußnoten nicht unnötig auszuweiten, sollte der Vollbeleg nur verwendet werden, wenn eine Quelle zum ersten Mal aufgeführt wird. Später genügt der Kurzbeleg.[88] Da die Übung sehr unterschiedlich ist, sollten die Studierenden sich in dieser Frage unbedingt bei ihrem betreuenden Professor rückversichern. Neben dem in wissenschaftlichen Arbeiten unverzichtbaren Literaturverzeichnis ist meines Erachtens ein Vollbeleg gar nicht mehr erforderlich.[89] Wer sich für die Einzelheiten interessiert, kann diese im Literaturverzeichnis nachlesen. Der Vollbeleg ist entbehrlich.

---

87 Kleinhenz, Holger/Deiters, Gerhard S. 79.
88 Rössl, Dietmar: Hinweise zur formalen Gestaltung, in Rössl, Dietmar (Hrsg.): Die Diplomarbeit in der Betriebswirtschaftslehre, 3. A. Wien 2005, S. 232; Brauner, Detlef, Jürgen/Vollmer, Hans-Ulrich: Erfolgreiches wissenschaftliches Arbeiten, 2. A., Sternenfels 2006, S. 109; Rost, Friedrich/Stary, Joachim: Schriftliche Arbeiten „in Form" bringen. Zitieren, Belegen, ein Literaturverzeichnis anlegen. in: Franck, Norbert/Stary, Joachim (Hrsg.): Die Technik wissenschaftlichen Arbeitens, 12. A., Paderborn 2006, S. 193; gegen Kurzbeleg Lück, Wolfgang S. 68 ff.; Rossig, Wolfram/Prätsch, Joachim S. 156.
89 Ebenso Bänsch, Axel S. 49; Becker, Fred S. 62; Karmasin, Matthias/Ribing, Rainer S. 93; Möllers S. 147; Schenk, Hans-Otto S. 211.

Die folgenden Erläuterungen beschränken sich auf den **Kurzbeleg**. Der Kurzbeleg genügt meiner Ansicht nach schon bei der ersten Nennung einer Quelle, spätestens wenn eine Quelle zum zweiten Mal genannt wird, da die Quelle bereits umfassend im Literaturverzeichnis umschrieben ist. Der Kurzbeleg hat die **Funktion**, in kurzer eindeutiger Form Auskunft über die zitierte Quelle zu geben. Er darf die vollständige Quellenangabe dem Literaturverzeichnis überlassen. Der Kurzbeleg soll vermeiden, dass die Fußnoten mehr als notwendig Raum beanspruchen. Eine einheitliche Darstellung des Kurzbelegs hat sich weder in den verschiedenen Wissenschaftsbereichen, noch in einem Wissenschaftsbereich herausgebildet. Es gilt die Maxime, dass in einem Werk einheitlich zitiert werden und gewährleistet sein muss, dass die Angaben zum Auffinden des Originals genügen.

Es ist beim Kurzbeleg der Familienname und der Vorname des Autors oder Herausgebers und die Seite oder Randnummer zu nennen. Der Vorname kann abgekürzt oder weggelassen werden, wenn keine Verwechslungsgefahr besteht. Wird in einer wissenschaftlichen Arbeit auf verschiedene Werke desselben Autors verwiesen, ist für jedes Werk ein prägnanter Kurztitel zu verwenden. Dieser Kurztitel ist im Literaturverzeichnis durch den Hinweis *zitiert als ...* oder *zit. ...* – zu bestimmen. Erscheint im Literaturverzeichnis *Brox, H.: Besonderes Schuldrecht, 32. A., München 2007 (zit. Brox, H., BT)* genügt für den Kurzbeleg *Brox, H., BT, S. 109*. Immer häufiger ist die Übung anzutreffen,

- neben der Angabe des Autorennamens das Erscheinungsjahr des Werkes zu nennen[90] oder
- neben dem Autorennamen immer einen Kurztitel oder immer
- neben dem Autorennamen, Kurztitel und Erscheinungsjahr anzugeben.[91]

Diese Häufung von Angaben bewirkt ein unnötiges Anschwellen des Fußnotenapparates und vermag den Leser zu verwirren. Für weitere Angaben muss der Leser trotzdem das Literaturverzeichnis heranziehen. Deshalb können diese Angaben in den Fußnoten weggelassen werden, ohne dass es den Verlust relevanter Informationen zur Folge hat. Für den Kurzbeleg **genügen** neben einem Literaturverzeichnis:

- Name des Autors oder Herausgebers
- Vorname oder Anfangsbuchstabe, wenn keine Verwechslungsgefahr besteht
- Seitenangabe

wie *Dütz, Wilhelm S. 74*.

Bei Beiträgen aus **Zeitschriften** ist beim Kurzbeleg nach dem Namen des Autors der Zeitschriftenname mit Jahrgang und die Seitenzahl anzugeben.

---

90 Karmasin, Matthias/Ribing, Rainer S. 93; Standop, Ewald/Meyer, Matthias S. 53.
91 Theisen, Manuel S. 145; Engel, Stefan/Preißner, Andreas S. 269.

Zu nennen ist die Seitenzahl, mit welcher der Aufsatz beginnt und auf der sich das Zitat befindet. Es erscheint mir nicht erforderlich, den Titel des Aufsatzes zu wiederholen.[92] Dieser steht im Literaturverzeichnis. Gibt es für den Zeitschriftennamen eine Abkürzung, genügt der abgekürzte Zeitschriftenname wie *Werner, G. VBlBW 1997 S. 1, 4.* Soweit anstelle des Jahrgangs die Zeitschrift in Bänden gezählt wird, ist die Bandzahl anzugeben.

Bei Beiträgen in **Sammelwerken** wird vorgeschlagen, neben dem Autor und den Angaben zu seinem Beitrag noch die weiteren Angaben zum Sammelwerk aufzunehmen.[93] Diese Vorgehensweise führt meines Erachtens zu einer unnötigen und damit verwirrenden Fülle an Daten in der Fußnote. Der Name des Autors und die Seitenangaben wie bei den Zeitschriftenaufsätzen sollten hier genügen, da diese zum Auffinden des vollständigen Titels im Literaturverzeichnis reichen. Nur wenn dieser Kurzbeleg nicht eindeutig zur Angabe im Literaturverzeichnis führt, ist ausnahmsweise noch der Herausgeber und der Titel des Sammelwerkes aufzunehmen.

Bei **Kommentaren** ist mit dem Namen des Bearbeiters der zitierten Kommentarstelle zu beginnen. Nach dem Hinweis *in:* folgt der Herausgebername, gefolgt von der Paragrafenangabe mit Randnummer oder Nummer der Anmerkung wie *Putzo, H. in: Palandt § 662 Anm. 5.*

Für manche Kommentare wurden Abkürzungen eingeführt, die eine umständliche Zitierweise vermeiden sollen. Statt dem Münchner Kommentar findet sich die Abkürzung *MK.* Diese Abkürzungen dürfen für die Fußnoten übernommen werden. In diesem Fall ist die Abkürzung im Abkürzungsverzeichnis zu erläutern.

Soweit ein Werk Randnummern verwendet, wie es gerade bei Kommentaren anzutreffen ist, ist diese Angabe der Seitenangabe vorzuziehen. Randnummern ermöglichen ein rasches und zielstrebiges Auffinden der zitierten Textstelle innerhalb einer Seite. Die Seite muss nicht vollständig nach der Zitatstelle durchgesehen werden.

Vorrangig sind die Autoren anzuführen, die sich ausführlich mit einer Rechtsfrage befasst haben und die prägend und stellvertretend für eine Meinung stehen. Soweit diese Autoren sich mit genauer Angabe der Belegstelle auf andere Literatur beziehen, kann mit dem Vermerk *m. w. N.* auf diese weiteren Quellen verwiesen werden, ohne diese im Einzelnen aufführen zu müssen. Auf keinen Fall darf der Bearbeiter diese im Verweis gefundenen Angaben ungeprüft als eigene Quelle in die Fußnote einstellen. Diese Blindzitate bergen die Gefahr, dass die Bearbeiter fehlerhafte oder missverständliche Zitate übernehmen oder sich ein Bruch in der Zitierweise einstellt, weil der verweisende Autor anderen Zitierregeln folgt als der Verfasser der Arbeit. Dieser Autor verweist vielleicht noch auf alte Auflagen eines Werkes, während es mittlerweile bereits eine neue Auflage gibt.

---

92 A. A. Theisen, Manuel S. 196 f.
93 Theisen, Manuel 194.

8.2.3. Internet-Belege

Die Verwendung von Quellen aus dem Internet ist ebenfalls **zitierpflichtig.** Es sind wie im Literaturverzeichnis neben dem Verfasser und Sachtitel folgende Angaben zu machen *http://www.....de. Datum.* Da das originäre Internet-Material jeweils nur zeitlich befristet zur Verfügung steht, ist seine Kontrollierbarkeit durch einen Ausdruck zu gewährleisten, der in den Anhang der Arbeit aufzunehmen ist.[94] In der Fußnote ist deshalb ein Verweis aufzunehmen, dass diese Quelle in den Anhang eingestellt wurde, mit der dazugehörigen Anlagenummer wie *vgl. Anhang: Anlage 5.*

Vorrangig sollte jedoch aus einem Buch oder einer Fachzeitschrift zitiert oder eine inhaltsgleiche Quelle herangezogen werden. Diese sind dauerhaft zugänglich.[95] Es bedarf nicht der umfangreichen Angaben in Fußnoten und im Literaturverzeichnis, bei denen häufig Fehler unterlaufen. Der Umfang des Anhangs hält sich mit dieser Vorgehensweise auch in Grenzen.

8.2.4. Tabellen und Abbildungen

Bei übernommenen Tabellen und Abbildungen wird die Quelle direkt unter der Darstellung aufgeführt.[96] Nach dem Hinweis *Quelle:* folgen die **Angaben zur Quelle.** Deshalb bedarf es keines zusätzlichen Hinweises in der Fußnote. Die Aufnahme in das Abbildungsverzeichnis darf nicht vergessen werden.

8.2.5. Quantitative Kriterien

Die **Menge der Quellen,** die in der Fußnote Aufnahme finden, sollte in einem angemessenen Verhältnis zur Bedeutung der Aussage stehen. In einer Fußnote können mehrere Quellen benannt werden. Für die Quantifizierung haben sich folgende **Kriterien** entwickelt:

- Ein Randproblem der Arbeit darf gegenüber einem Hauptproblem nicht mehr Fundstellen erhalten.
- Wird eine herrschende Ansicht dargestellt, bedarf es zur überzeugenden Darstellung mehrerer Quellen aus Rechtsprechung und Literatur.
- Wird eine umstrittene Meinung dargestellt, bedarf es pro- und contra-Angaben.
- Für Selbstverständlichkeiten bedarf es keines Zitats.[97]
- Ergibt sich eine Aussage zweifellos aus dem Gesetz, bedarf es keiner Nachweise.

---

94 Bänsch, Axel S. 52.
95 Möllers, Thomas. S. 160.
96 Kricsfalussy, Andreas S. 30.
97 Brühl, Raimund: Juristische Fallbearbeitung, 3. A., Köln 1992, S. 164; Eco, Umberto S. 196, 225.

Wird in einer wissenschaftlichen Arbeit mehrmals dieselbe Gerichtsentscheidung oder dasselbe Werk eines Autors in Bezug genommen, sollte der Bearbeiter die Quelle möglichst ein jedes Mal zitieren. Die Verweisungen mittels den Kürzeln *a. a. O.* oder *ebenda* auf frühere Quellenangaben sind umständlich zu handhaben, da auf frühere Seiten nach der in Bezug genommenen Quelle zu suchen ist. Statt relevanter Platzersparnis bewirken diese Verweisungstechniken Informationsverluste und Verwirrung.[98] Die wiederholte Angabe der Quelle durch Kurzbelege erspart dieses umständliche Suchen und die Gefahr von Fehlinterpretationen.

Die Fußnoten sind so zu formulieren, dass der Leser ihren Aussagegehalt eindeutig erkennen kann. Hierzu sind im Einzelfall erläuternde **Anmerkungen** zu verwenden wie[99] *vgl., ebenso, ebenfalls, entsprechend, so, siehe...,*
mit anderer Begründung...
andere Ansicht, diese Ansicht wird nicht geteilt von...
grundlegend...
zuletzt...

Die Anmerkungen sind auf das absolut notwendige Mindestmaß zu beschränken. Von Randbemerkungen in den Fußnoten ist nur zurückhaltend Gebrauch zu machen. Solche Randbemerkungen bewirken für den Leser ein umständliches Hin- und Herspringen vom Textteil zum Fußnotenapparat und weiten den Fußnotenapparat aus. Ein umfangreicher Anmerkungsapparat verkennt das Ziel einer wissenschaftlichen Arbeit. Die wissenschaftliche Auseinandersetzung hat im Textteil der Arbeit und nicht in den Fußnoten zu erfolgen.

Wissenschaftlichkeit darf nicht mit dem bloßen Umfang des Fußnotenapparates verwechselt werden. Zitiert ein Autor nur fremde Ansichten, ohne einen eigenen Beitrag beizusteuern, sollte er nicht genannt werden. Zu nennen sind die Autoren, die eigene Ansichten entwickelt haben, die zur Fundierung fremder Ansichten mit eigenen Argumenten beigetragen haben.

9. Die wissenschaftliche Eigenleistung

Die Studierenden sollen mit einer wissenschaftlichen Arbeit ihre Fähigkeit zu selbstständigem wissenschaftlichem Arbeiten zeigen. Dies erfordert die kritische **Auseinandersetzung** mit den vorgefundenen Aussagen in der **Literatur**, die kritische **Durchleuchtung** der **Rechtslage** und die **Hinterfragung** der vorgefundenen Verwaltungs- und Geschäftsübung.

---

98 Theisen, Manuel S. 143.
99 Brühl, Raimund S. 166.

- Geht es um die Allgemeinen Geschäftsbedingungen einer Institution, sind diese nicht schon rechtswirksam, weil sie üblicherweise so verwendet werden. Sie sind an den speziellen Rechtsvorschriften über Allgemeine Geschäftsbedingungen zu messen.
- Selbst Gesetze können gegen höherrangiges Recht verstoßen.
- Gerade Gebührensatzungen müssen vielfältigen Anforderungen genügen und gelten nicht aus sich heraus.
- Manche seit langem geübte Verwaltungspraxis ist rechtswidrig. Nur hat es bislang niemand gerügt. Das Handeln der Verwaltungsbehörde ist auf ihre Rechtmäßigkeit zu hinterfragen.
- Manche öffentlichen Leistungen zugunsten Gewerbetreibender können gegen die Wettbewerbsregeln des Gemeinschaftsrechts verstoßen. Die Begünstigten haben keinen Anlass, dies zu beanstanden.
- Presseverlautbarungen können Rechte Dritter verletzen.

Unzulänglich ist es, wenn Studierende ohne Belege und ohne Begründung Rechtsbehauptungen aufstellen. Fußt eine Rechtsbehauptung auf einem Gesetz, ist dieses anzugeben; fußt sie auf Gewohnheitsrecht, der Rechtsprechung oder wird sie in der Literatur vertreten, sind diese Quellen zu zitieren. Auf keinen Fall darf offen gelassen werden, woher diese Behauptung stammt.

Die Arbeit darf sich nicht darauf beschränken, fremde Ansichten „nachzuerzählen" oder eine vorgefundene Situation zu beschreiben. Eine **kritische Literaturauswertung** beinhaltet, dass der Verfasser[100]

- vorgefundene Ansichten auf ihre Schlüssigkeit und Stichhaltigkeit hinterfragt
- auf innere Widersprüche hinweist, fragwürdige Feststellungen untersucht und Lücken in der Literatur und deren Argumentation aufdeckt
- vorgefundene Rechtsansichten anhand der anerkannten Auslegungsregeln auf ihre Schlüssigkeit überprüft
- selbst herrschende Ansichten aus gegebenem Anlass in Frage stellt
- im Meinungsstreit die Schwachstellen herausarbeitet
- Meinungen auf ihre Plausibilität untersucht
- im Meinungsstreit Stellung bezieht und die eigene Ansicht begründet
- selbst erarbeitete Argumente, Sichtweisen und Ansichten darstellt
- alternative und praktische Lösungsansätze aufzeigt.

Zusammenfassend kann man sagen, es besteht für wissenschaftliche Arbeiten ein umfassender

Begründungs- und Plausibilitätszwang.

---

100 Bänsch, Axel S. 6 f.

Es kann vorkommen, dass zu einem bestimmten Thema oder einer bestimmten Fragestellung keine Literatur zu finden ist. Anhaltspunkte lassen sich der Literatur zu verwandten Themenkomplexen bzw. verwandten Rechtsgebieten entnehmen. Zum Beispiel für den Störerbegriff im Zivilrecht kann der Störerbegriff im öffentlichen Recht und insbesondere dem Polizeirecht Anhaltspunkte bieten.

Rechtsfragen dürfen nicht dahingestellt bleiben, weil zur Anwendung und Auslegung von Rechtsvorschriften keinerlei Rechtsprechung und Literatur gefunden wurde. Es kann Anlass sein, erneut in die Literatursuche einzutreten.

Die Suche nach Literatur und Rechtsprechung kann bei neueren Gesetzen und peripheren Rechtsvorschriften tatsächlich unergiebig sein. Gerade für solche Rechtsprobleme sind die von der **Methodenlehre** entwickelten Hilfsmittel zur Gesetzesauslegung und Rechtsfortbildung anzuwenden. Die Suche nach Lösungen im Recht sowie die kritische Auseinandersetzung mit Literaturansichten zu bestimmten Rechtsfragen setzt voraus, dass der Bearbeiter die anerkannten Regeln der Auslegung anzuwenden vermag. Der Bearbeitungszeitraum einer wissenschaftlichen Arbeit kann anders als bei Klausuren für eine historische Auslegung genutzt werden. Es sind die im Zusammenhang mit der Entstehung der Norm angefallenen Gesetzesmaterialien auszuwerten. Diese bieten regelmäßig auch Anhaltspunkte für eine teleologische Auslegung.

Bei einer **Lücke im Gesetz** sind die zur Lückenfüllung von der Rechtsprechung entwickelten Grundsätze über die Rechtsanalogie oder Rechtsfortbildung heranzuziehen.[101] Kann man zu einer Rechtsfrage keine passenden Vorschriften finden, bedeutet dies noch lange nicht, dass keine Rechtsnormen zur Anwendung kommen können. Die Methodenlehre bietet über die Auslegung sowie Rechtsanalogie zu verwandten Regelungen oder der Rechtsfortbildung aus allgemeinen Rechtsgrundsätzen und Wertentscheidungen der Verfassung Möglichkeiten zur Lückenfüllung. *Für den Schutz des Persönlichkeitsrechts gibt es im Falle der Kollision mit der Meinungs- und Pressefreiheit keine ausdrücklichen Regelungen. Die systematische Auslegung des sonstigen Rechts in § 823 Abs. 1 BGB lässt es zu, das Persönlichkeitsrecht hierunter zu fassen. Eine Rechtsanalogie zu §§ 12, 862, 1004 BGB schafft die Grundlage für einen Unterlassungsanspruch.*

Zweifelsfragen bei der Rechtsanwendung sind mittels der anerkannten Techniken der Methodenlehre
- den klassischen Auslegungsmethoden und
- bei Lücken im Gesetz den Regeln der Rechtsfortbildung
zu lösen.

---

101 Kohler-Gehrig, Eleonora S. 64 ff.; Larenz, Karl/Canaris, Claus-Wilhelm: Methodenlehre der Rechtswissenschaft, 3. A., Berlin 1995, S. 133 ff.

Deshalb werden im Folgenden die Techniken der Methodenlehre, das Handwerkszeug des Rechtsanwenders zur Lösung von Rechtsfragen dargestellt.

9.1. Auslegung

Gesetze bedienen sich der Sprache, um sich an ihre Adressaten zu wenden. Sprache besteht aus Begriffen, die mehrdeutig oder von unklarer Reichweite sein können. Insbesondere wenn eine Rechtsnorm mehrdeutige Begriffe, unbestimmte Rechtsbegriffe oder gar Generalklauseln enthält, ergibt sich die Notwendigkeit, im Wege der Auslegung den **Umfang** und **Inhalt** der verwendeten **Rechtsbegriffe zu klären**. *§§ 138 BGB, 44 Abs. 2 Nr. 6 VwVfG Sittenwidrigkeit.*

Das Rechtsstaatsprinzip und das daraus abgeleitete Willkürverbot verbieten es, die Auslegung dem subjektiven Rechtsgefühl des Rechtsanwenders zu überlassen. Das Demokratieprinzip und der Gewaltenteilungsgrundsatz weisen die Gesetzgebung der legislativen Gewalt zu. Gerichte und Verwaltung sind an Gesetz und Recht gebunden. Deshalb versteht es sich von selbst, dass die Auslegung am Gesetz und den Aussagen der Gesamtrechtsordnung zu orientieren ist.

Es wurden verschiedene **Auslegungsmethoden** entwickelt. Streng genommen handelt es sich hierbei nicht um eigenständige Methoden, sondern um verschiedene Aspekte der Auslegung:

- die grammatikalische Auslegung
- die systematische Auslegung
- die historische Auslegung
- die teleologische Auslegung.

Sie haben ihre Legitimation, wie noch zu zeigen sein wird, in der Verfassung. Sie dienen zur Ausleuchtung von Gesetzestexten. Ihre Funktion besteht darin, den im Gesetz enthaltenen Gedanken herauszuarbeiten, das Gesetz entsprechend diesem immanenten Gedanken anzuwenden. Ihre Funktionsweise und Bedeutung sollen nun kurz dargelegt werden.

9.1.1. Grammatikalische Auslegungsmethode

Die grammatikalische Auslegungsmethode untersucht den **sprachlichen Bedeutungsgehalt** der verwendeten Begriffe. Der Gesetzgeber bedient sich der Sprache, weil er sich an Menschen als Adressaten wendet und die Sprache als Kommunikationsmittel dient. Die Ordnungsfunktion des Rechts kann nur zur Wirkung gelangen, wenn die Norm von ihren Adressaten verstanden wird. Deshalb fragt die grammatikalische Auslegungsmethode nach dem

- allgemeinen Sprachgebrauch
- nach der Fachterminologie
- dem speziellen juristischen Sprachgebrauch.

Wörterbücher und Nachschlagewerke können gewisse Anhaltspunkte für die grammatikalische Auslegung eines Begriffes geben. Weichen der allgemeine Sprachgebrauch und der juristische Sprachgebrauch voneinander ab, gilt der Grundsatz vom **Vorrang des speziellen Sprachgebrauchs** vor dem allgemeinen Sprachgebrauch.

Kann-Vorschriften im öffentlichen Recht räumen im Gegensatz zur Alltagssprache der Behörde kein Recht zur willkürlichen Entscheidung ein. Die KFZ-Leihe in der Alltagssprache ist in der Rechtssprache ein Mietvertrag.

In einer nach Sachbereichen gegliederten Rechtsordnung kommt Rechtsbegriffen nicht immer eine identische Bedeutung zu. Es ist von einer Relativität der Begriffe auszugehen. Bei gleichlautenden Begriffen in verschiedenen Rechtsgebieten besteht weder eine Vermutung für eine übereinstimmendes noch für ein abweichendes Begriffsverständnis.[102] *Während im Zivilrecht nach § 276 BGB der objektive Fahrlässigkeitsbegriff gilt, gilt im Strafrecht der subjektive Fahrlässigkeitsbegriff.* Allenfalls bei mehrfach verwendeten gleichlautenden Begriffen in einem Gesetz besteht eine Vermutung für eine Sinnidentität. Diese darf nicht außer Acht lassen, dass eine misslungene Gesetzesfassung, Sprachirrtümer oder eine fehlende innere oder äußere Gleichförmigkeit eines Gesetzeswerkes diese angestrebte Sinnidentität vereiteln können.[103] *Selbst eine solch grundlegende Kodifikation wie das Grundgesetz ist nicht gegen zweideutige Formulierungen geschützt, wie die unterschiedliche Verwendung des Gesetzesbegriffes mal im materiellen, mal im formellen Sinn zeigt.*

Die grammatikalische Auslegung stößt schnell an ihre **Grenzen**, wenn weder in der Alltagssprache noch im rechtstechnischen Sprachgebrauch eindeutige Begriffe anzutreffen sind. Sie kann bei Generalklauseln und unbestimmten Rechtsbegriffen zu keinen eindeutigen Ergebnissen führen. Hier vermag sie alleine die Grenzen der weitesten Auslegung hin zur Rechtsfortbildung zu ziehen. Die grammatikalische Auslegung bestimmt die rechtsstaatlich und demokratisch gezogene Grenze der Rechtsnorm und damit die Grenze zwischen Auslegung und Rechtsfortbildung. Jeder Rechtsanwender muss sich den Wortlaut als Grenze zwischen Auslegung und Rechtsfortbildung vor Augen halten. Wird diese Grenze überschritten, wird Rechtsfortbildung betrieben. Für die Rechtsfortbildung gelten besondere, weitaus engere Grenzen als für die Auslegung.[104]

---

102 BGHZ 46 S. 74, 77.
103 RGZ 153 S. 2, 20; BGHZ 46 S. 74, 77.
104 BVerfGE 87 S. 209, 223 ff.

9.1.2. Systematische Auslegungsmethode

Die systematische Auslegungsmethode sucht den Inhalt einer Rechtsnorm aus ihrem **Zusammenhang** im Gesetz oder im Rechtssystem zu ermitteln. Ausgangspunkt dieser Auslegungsmethode ist die Erkenntnis, dass die einzelne Norm Teil des Gesamtrechtssystems ist und in einem Wechselspiel mit anderen Normen steht.

Die Bedeutung eines Begriffes kann sich aus seiner Einbettung zwischen anderen Begriffen einer Rechtsnorm ergeben. *§ 823 Abs. 1 BGB nennt das unbestimmte sonstige Recht im Anschluss an die Aufzählung absoluter Rechte. Folglich bezieht das sonstige Recht andere absolute Rechte wie Hypotheken- und Pfandrecht, Namensrecht und Urheberrecht in den Schutzbereich der Norm ein.*

Einen ersten Anhaltspunkt kann die **äußere Systematik** bieten, die Stellung im Gesetz oder in einem besonderen Abschnitt des Gesetzes. *§ 68 VwGO gilt nur für die Anfechtungs- oder Verpflichtungsklage, nicht für die allgemeine Leistungsklage, da die Vorschrift im Abschnitt Besondere Vorschriften für Anfechtungs- und Verpflichtungsklagen steht.* Die Aussagekraft der äußeren Systematik darf nicht überschätzt werden. Der Gesetzgeber hat seine eigene Einteilung und Gliederung nicht immer streng durchgehalten. *§ 12 BGB regelt das Namensrecht bei den natürlichen Personen. Es gilt nach allgemeiner Ansicht aber auch für juristische Personen.*

Neben der äußeren Systematik hinterfragt die systematische Auslegung die innere Systematik. Jede Norm hat ihren Platz im Gesamtrechtssystem und damit innerhalb der Normenpyramide. Innerhalb der Normenpyramide darf niederrangiges Recht höherrangigem Recht nicht widersprechen. Hieraus wurde das **Gebot der verfassungskonformen Auslegung** abgeleitet. Die in den Grundrechtsnormen der Verfassung enthaltene objektive Wertordnung gilt als verfassungsrechtliche Grundentscheidung für alle Bereiche des Rechts. Von mehreren Auslegungsmöglichkeiten ist die zu wählen, die den Wertentscheidungen des Grundgesetzes entspricht und diese optimal fördert. Einfaches Recht ist im Lichte des Verfassungsrechts auszulegen. Dies erfasst die Gesamtrechtsordnung.[105] Letztlich kann der Rechtsanwender dem Recht selbst Kriterien für die Auslegung des Rechts entnehmen. Bei der systematischen Auslegung im Lichte der Verfassung stößt man häufig auf das Phänomen, dass Grundrechte und Verfassungsprinzipien einander widerstreiten. Es zählt zu den Aufgaben der Auslegung, der Interessen- und Güterabwägung, diese widerstreitenden Grundrechte und Verfassungsprinzipien in ein vernünftiges Verhältnis zueinander zu rücken, ein jedes optimal zu fördern. *So treffen bei der Presseberichterstattung über Personen der Schutz der Persönlichkeit aus Art. 1 und Art. 2 GG und die Pressefreiheit aus Art. 5 GG aufeinander.*

---

105 BVerfGE 34 S. 269, 280; 51 S. 97, 110; 81 S. 242, 254.

Über die verfassungskonforme Auslegung hinaus wurde der **Grundsatz von der Einheit des Rechts**[106] entwickelt. Gesetze müssen nicht nur die Wertentscheidungen des Grundgesetzes, sondern höherrangiges Recht schlechthin sowie die allgemeinen Rechtsprinzipien und Rechtsgrundsätze wahren. Rechtsnormen sind so auszulegen, dass sie nicht in Widerspruch zu anderen Normen treten. Darin spiegelt sich das Streben nach einer widerspruchsfreien Rechtsordnung wieder.

Die systematische Auslegung beruht auf der Feststellung, dass Begriffe als Teil des Gesetzes nicht alleine stehen, dass **Gesetze als Teil der Gesamtrechtsordnung** zu betrachten sind und damit Begriffe, Gesetze und Gesetzeswerke in einem **Wirkungszusammenhang** stehen.

9.1.3. Historische Auslegungsmethode

Die historische Methode knüpft an die **Entstehungsgeschichte** einer Rechtsnorm und der darin verwendeten Begriffe an. Sie fragt nach dem Willen des Gesetzgebers, der Vor- und der Entstehungsgeschichte des Gesetzes. Sie versucht festzustellen, was der Gesetzgeber mit einem Begriff ausdrücken wollte, welche Vorstellungen er damit verband. Maßgeblich kann nur ein gesetzgeberischer Wille sein, der im Gesetz Ausdruck gefunden hat. Die Gesetzesmaterialien können zu diesen Fragen Auskunft geben.[107] *Die historische Auslegung findet Anklang in Art. 33 Abs. 5 GG, der an die hergebrachten Grundsätze des Berufsbeamtentums anknüpft.*

Die historische Auslegung kann keine Auskunft auf Fragestellungen geben, die erst nach Erlass des Gesetzes bedeutsam wurden, die der Gesetzgeber nicht gesehen hat. Gerade bei älteren Gesetzen sind ihr Grenzen gesetzt.[108]

Deshalb wird der historischen Auslegungsmethode von der Rechtsprechung häufig nur eine **Hilfsfunktion** beigemessen, die Richtigkeit einer nach den anderen Auslegungsregeln ermittelten Auslegung zu bestätigen oder Zweifel zu beheben.[109] Hingegen können die Gesetzesmaterialien bei jüngeren Gesetzen wichtige Aufschlüsse liefern.[110] Eine eigenständige Bedeutung kommt der historischen Auslegungsmethode zu, wenn sich nur aus ihr wesentliche Anhaltspunkte für die Auslegung eines Gesetzes ziehen lassen.[111]

---

106 Zippelius, Reinhold: Juristische Methodenlehre, 10. A., München 2006, S. 52.
107 BGHSt 29, S. 85, 87 f.; 29 S. 300, 303 f.; BGH NJW 1996 S. 3208.
108 BVerfGE 34 S. 269, 288; BGHZ 47 S. 324, 336.
109 BGHZ 87 S. 191, 194 f.
110 BGH NJW 2004 S. 56 f.
111 BGHZ 46 S. 74, 80 m. w. N.

9.1.4. Teleologische Auslegungsmethode

Die teleologische Auslegung fragt nach dem **Sinn und Zweck einer Norm**. Der Zweck einer Norm lässt sich entweder dem Gesetz und seinen Grundaussagen selbst entnehmen oder aus den Gesetzesmaterialien ermitteln. Es kommt aber nicht allein darauf an, welchen Sinn und Zweck der historische Gesetzgeber der Norm beigemessen hat. Jedes Gesetz ist ein Produkt seiner Zeit. Die Aufgabenstellung einer Norm und eines Gesetzeswerkes, der Lebenssachverhalt, zu dessen Bewältigung die Norm erlassen wurde, kann sich verändern. Normen stehen in einem Umfeld sozialer Verhältnisse und gesellschaftspolitischer Anschauungen, mit deren Wandel sich der Norminhalt verändern kann.

Die teleologische Auslegung befasst sich mit der Frage, welcher Sinn und Zweck der Norm heute zukommt. Orientiert sich die historische Auslegungsmethode statisch am Zeitpunkt des Erlasses eines Gesetzes, fragt die teleologische Auslegungsmethode **dynamisch**, welcher Sinn und Zweck der Rechtsnorm gegenwärtig immanent ist. Der Gesetzgeber hätte das Gesetz ändern können, hätte er dessen Geltung auf die Vergangenheit beschränken wollen. Da das Gesetz nach seinem Erlass ein „Eigenleben" führt, ist für seine Auslegung entscheidend, welche Aufgabe das Gesetz und seine Rechtsnormen im Zeitpunkt seiner Anwendung zu erfüllen haben.

Die teleologische Methode gestattet es, Erwägungen zur Praktikabilität und zur Funktionsgerechtigkeit und Effektivität einer Norm, zur Folgenbetrachtung, zur sozialen Realität und damit zur normativen Kraft des Faktischen, der Natur der Sache anzustellen. *Im Straf- und Ordnungswidrigkeitenrecht hat die teleologische Auslegung zur gängigen Frage nach dem Schutzzweck der Norm und insbesondere dem von der Norm geschützten Rechtsgut geführt. Diese für die teleologische Auslegung typische Fragestellung ergibt sich ebenfalls bei § 823 BGB.*[112]

9.1.5. Anwendung der Auslegungsmethoden

Alle vier Auslegungsmethoden gewinnen ihre **Legitimation** aus dem **Grundgesetz**. Die historische und die grammatikalische Auslegung, wie auch die teleologische Auslegung ergeben sich aus dem **Demokratieprinzip**, dem in den Gesetzeswortlaut geflossenen Willen des Gesetzgebers sowie den mit dem Gesetz verfolgten Zielen. Die systematische Auslegung, insbesondere in der Spielart der verfassungskonformen Auslegung, trägt obendrein dem Vorrang höherrangiger Gesetze und damit dem Rechtsstaatsprinzip Rechnung, wonach sich eine Norm widerspruchsfrei in das Rechtssystem einfügen muss. Im **Rechtsstaatsprinzip** findet auch die teleologische Auslegung ihre Legitimation. Rechtsnormen werden nicht um ihrer selbst willen erlassen. Sie dienen der Bewältigung von Aufgaben, dem Erreichen gesteckter Ziele und Zwecke.

---

112 BGH NJW 2004 S. 356 f.

Diese klassischen **Auslegungsmethoden** kommen **nebeneinander** zur Gesetzesinterpretation zur Anwendung. Sie schließen sich nicht gegenseitig aus, sondern ergänzen sich gegenseitig. Führt eine Auslegungsvariante zu einem inakzeptablen, widersprüchlichen Ergebnis, ist diese Auslegungsmöglichkeit auszuschließen. Das so genannte argumentum ad absurdum reduziert die Auslegungsmöglichkeiten.

Es gibt keine zwingende Reihenfolge für die Heranziehung der verschiedenen Auslegungsmethoden auf der Suche nach der zutreffenden Gesetzesinterpretation. Praktisch vorteilhaft ist die **Reihenfolge**

- grammatikalische Auslegung
- systematische Auslegung
- historische Auslegung
- teleologische Auslegung.

Es empfiehlt sich, mit der **grammatikalischen** Auslegung zu beginnen. Sie erarbeitet die möglichen Bedeutungen und steckt die Grenzen ab, innerhalb deren ein vom Gesetz verwendeter Begriff auszulegen ist.

Daran schließt sich die **systematische** Auslegung an, die ebenfalls am einzelnen Begriff im Gesetz ansetzt und darüber hinaus nach seiner Einbindung in das Gesetzeswerk und die Rechtsordnung fragt. Sie erweitert den Untersuchungsrahmen über die grammatikalische Auslegung hinaus. Beide Auslegungsmethoden gehen ineinander über.

Die **historische** Auslegung erschließt, welche Bedeutung der Gesetzgeber der Vorschrift beigemessen hat. Sie fragt außerdem nach dem Sinn und Zweck, der dem Gesetz im Entstehungszeitpunkt zukommen sollte.

Die **teleologische** Auslegung knüpft an diesem Ansatz an und fragt weiter, welcher Sinn und Zweck, welche Bedeutung dem Gesetz im Zeitpunkt seiner konkreten Anwendung beizumessen ist. Die teleologische Auslegung findet sich zumeist erst am Ende des Auslegungsvorganges, da sie häufig eine Vielzahl von Argumenten zu liefern vermag und den Schwerpunkt der Auslegung bildet.

Alle vier Auslegungsmethoden können zum selben Ergebnis kommen. Sie können aber auch zu abweichenden, widersprechenden Ergebnissen führen. Das spricht weder gegen das Ergebnis noch gegen die Auslegungsmethoden. In vielen Rechtsvorschriften spiegeln sich unterschiedliche und oftmals widersprechende Interessen-, Ziel- und Zweckvorstellungen wieder. Es darf deshalb nicht verwundern, dass alleine die teleologische Auslegung verschiedene Auslegungsergebnisse eröffnen kann, verfolgen doch zahlreiche Gesetze mehrere konkurrierende oder gar kollidierende Ziele.

Im Wege der **Wertung** ist darüber zu befinden, welchem der möglichen Ergebnisse der Vorrang einzuräumen ist. Diese Wertentscheidung hat dem Streben nach Gerechtigkeit zu folgen und soll zu einem vernünftigen, praktikablen Ergebnis führen. Sie hat sich an **allgemeinen Rechtsgrundsätzen** zu orientieren, wie des geringst möglichen Eingriffs in Freiheitsrechte[113] (Verhältnismäßigkeit i. e. S.) und des Strebens nach einer optimalen Ausgestaltung der Rechtsordnung. Sie darf keinen Rechtsgrundsätzen widersprechen, die das betroffene Rechtsgebiet beherrschen, wie Grundsatz des fairen Verfahrens im Strafprozess, Grundsatz der Privatautonomie im Vertragsrecht und Grundsatz der Rechtssicherheit und des Vertrauensschutzes im öffentlichen Recht.[114] Daneben gibt es in jedem Rechtsgebiet noch weitere Rechtsgrundsätze, die als Wertungsmaßstäbe heranzuziehen sind.

Bei der Auslegung und dem Umgang mit den verschiedenen Auslegungsmethoden haben sich eine Reihe besonderer Anforderungen und Fragestellungen herauskristallisiert.

9.1.5.1. Restriktive und extensive Auslegung

Bleibt die Auslegung hinter der möglichen Begriffsbedeutung zurück, bezeichnet man dieses Ergebnis **als restriktive Auslegung**. Sie kommt regelmäßig zur Anwendung bei Vorschriften, die in gesetzlich vorgesehene Freiheitsräume eingreifen. Aus dem Wertsystem des Grundgesetzes folgt eine Vermutung dafür, dass Freiheitsräume so wenig wie möglich angetastet werden sollen.

Es gilt der Grundsatz, dass Ausnahmevorschriften eher eng, also restriktiv, auszulegen sind.[115] In Einzelfällen kann dieser Grundsatz durchbrochen sein.

Geht die Auslegung bis an die äußerste Grenze des Begriffsinhalts, spricht man von einer **extensiven Auslegung**. Die extensive Auslegung kann bis zur äußersten Grenze des Wortsinns reichen. Wird diese äußerste Grenze des Wortsinns überschritten, wird die Ebene der Auslegung verlassen, und es beginnt die Ebene der Rechtsfortbildung. Die **Rechtsfortbildung** über die Grenze des Wortlauts hinaus ist nicht auf allen Rechtsgebieten von vornherein untersagt. Sie folgt jedoch anderen, engeren Regeln als die Auslegung. Deshalb ist die Grenze des äußersten Wortsinns als Grenze der Auslegung für den Rechtsanwender von großer Bedeutung und muss exakt abgesteckt werden.

Die Gegenüberstellung von restriktiver und extensiver Auslegung beruht auf der Feststellung, dass fast jeder auszulegende **Begriff** einen festen Begriffskern hat, umgeben von einem unscharfen Begriffshof. Wird die Auslegung auf den Begriffskern beschränkt, handelt es sich um restriktive Auslegung. Bezieht die Auslegung den Begriffshof mit ein, handelt es sich um extensive Auslegung. Wird der Begriffshof überschritten, beginnt die Rechtsfortbildung.

---

113 BGHSt 31 S. 296, 298.
114 BVerfGE 69 S. 381, 387; BGHSt 37 S. 10, 12.
115 BGH NJW 1956 S. 1151, 1152; BGH NJW 2005 S. 2154 f.

9.1.5.2. Gesetzeserhaltende Auslegung

Ergibt die Gesetzesauslegung, dass eine Norm höherrangigem Recht widerspricht, ist die Norm an sich gesetzeswidrig und damit grundsätzlich nichtig, gemäß dem Grundsatz *Höherrangiges Recht bricht niederrangiges Recht.* Um dem Regelungswillen der Norm gleichwohl zur Geltung zu verhelfen, ist die Möglichkeit zu prüfen, ob ihr nicht im Wege der Auslegung eine modifizierte Bedeutung beigemessen werden kann, die noch vom Gesetzeswortlaut gedeckt ist und mit höherrangigem Recht in Einklang steht.[116]

Diese **gesetzeserhaltende Auslegung** setzt voraus, dass die **grammatikalische** Auslegungsmethode mehrere Begriffsbedeutungen eröffnet. Die **systematische** Auslegung der fraglichen Norm liefert von den mehreren Bedeutungen der Norm, die mit höherrangigem Recht noch vereinbare Bedeutung. Mit der **teleologischen** Auslegung ist zu prüfen, ob diese im Einklang mit dem Gesetzeszweck steht. Ist der Gesetzeszweck gewahrt, kann die im Wege der gesetzeserhaltenden Auslegung gefundene Begriffsbedeutung eingreifen. Das Ziel ist, ein Maximum von dem zu erhalten, was als Sinn und Zweck hinter der Regelung steht. *§ 14 VersG bestimmt: Wer die Absicht hat, eine öffentliche Versammlung unter freiem Himmel...zu veranstalten, hat dies spätestens 48 Stunden vor Bekanntgabe der zuständigen Behörde...anzumelden. Diese Vorschrift würde gegen Art. 8 Abs. 1 GG verstoßen, wenn hiervon Spontanversammlungen erfasst wären. Diese wären gänzlich ausgeschlossen. Die Formulierung ‚Wer die Absicht hat‘, lässt die Auslegung zu, dass nur eine langfristige Absicht gemeint ist und folglich Spontanversammlungen der Anmeldepflicht gar nicht unterfallen.*[117]

Die gesetzeserhaltende Auslegung kann nicht zum Erfolg führen, wenn eine Bedeutung gefunden wird, die nicht vom Wortlaut der Norm gedeckt ist oder zu Sinn und Zweck der Norm in Widerspruch steht.[118] Dies würde **unzulässig** in die Entschließungsfreiheit des Gesetzgebers eingreifen. Das Demokratie- und Rechtsstaatsprinzip sowie der Gewaltenteilungsgrundsatz verbieten eine solche Auslegung.

Führt die gesetzeserhaltende Auslegung zu keiner Abhilfe, bleibt es bei der Nichtigkeit der Norm. Ist eine Norm nichtig, muss in einem zweiten Schritt festgestellt werden, wie sich die **Nichtigkeit der Norm** auf das Gesetzeswerk auswirkt. Aus der Nichtigkeit einer Vorschrift kann die Nichtigkeit des ganzen Gesetzes folgen, wenn sich aus dem objektiven Sinn des Gesetzes ergibt, dass die anderen Bestimmungen keine selbstständige Bedeutung haben oder die Gesamtregelung ohne die gesetzwidrige Norm Sinn und Rechtfertigung verliert.[119]

---

116 BVerfGE 44 S. 187, 189; 81 S. 71, 92; 84 S. 168, 186; Zippelius S. 53.
117 BVerfGE 69 S. 315.
118 BVerfGE 8 S. 28, 38.
119 BVerfGE 82 S. 159, 189.

9.1.5.3. Güter- und Interessenabwägung

Hinter einer Vorschrift und insbesondere hinter Vorschriften mit **unbestimmten Rechtsbegriffen** können sich verschiedene, sich widerstreitende Rechtsgüter und Gesetzeszwecke ergeben. Diesen Widerstreit vermag die teleologische Auslegung aufzudecken, wenn der Zweck einer Norm dem Schutz verschiedener, konkurrierender Interessen und Rechtsgüter dient. Er kann bei der systematischen Auslegung deutlich werden, wenn der geschützte Rechtskreis einer Person mit dem geschützten Rechtskreis einer anderen Person oder mit Rechtsprinzipien kollidiert. *Kollidiert die durch Art. 5 Abs. 1 GG geschützte Rundfunk- und Pressefreiheit mit dem durch Art. 1 und Art. 2 GG geschützten Persönlichkeitsrecht, ist durch Güterabwägung zu entscheiden, welchem der beiden Rechtsgüter im konkreten Fall der Vorzug gebührt.* Im Wege der **Abwägung** ist ein Zustand **praktischer Konkordanz** anzustreben, der es gestattet, dass jedes der verfassungsrechtlich geschützten Rechtsgüter ein Maximum an Wirksamkeit behält.

Im Rahmen einer Güter- und Interessenabwägung ist zu entscheiden, wie ein angemessener Ausgleich erreicht werden kann und welchem Rechtsgut oder Interesse der Vorrang gebührt. Diese Abwägung stößt schon bei realen Gütern auf Schwierigkeiten wie die Redewendung *Äpfel kann man nicht mit Birnen vergleichen* deutlich macht. Umso schwieriger ist die Abwägung bei ideellen Rechtsgütern und Interessen. Der **Gleichheitssatz** verbietet eine willkürliche Güterabwägung.

Eine **abstrakte Bewertung** kann der Rechtsordnung, insbesondere der Verfassung entnommen werden. So finden sich der Schutz der Menschenwürde und des Lebens am Eingang des Grundgesetzes in Art. 1 GG und genießen die Unabänderbarkeitsgarantie des Art. 79 Abs. 4 GG.[120] Daraus folgt ihr abstrakter Vorrang vor reinen Sachwerten, wie sie vom Eigentumsschutz des Art. 14 GG umfasst werden.

An die abstrakte Bewertung hat sich die **konkrete Bewertung** anzuschließen. Für die Abwägung ist es nicht nur erheblich, welche Rechtsgüter sich gegenüberstehen, sondern obendrein der Grad der Betroffenheit der widerstreitenden Rechtsgüter im Einzelfall und die Anzahl der betroffenen Rechtsgüter auf jeder Seite.[121]

Ergibt die Abwägung, dass die Interessen und Rechtsgüter einer Seite überwiegen, rechtfertigt dies nach dem Rechtsstaatsprinzip des Art. 20 Abs. 3 GG **nur** einen erforderlichen **Mindesteingriff** in die weniger gewichtigen Interessen und Rechtsgüter. Ein Rechtsgut darf nicht mehr zurückgesetzt werden, als es zur Verwirklichung des vorrangigen Rechtsguts unbedingt erforderlich ist. Ist zur Verwirklichung eines Rechtsguts erforderlich, dass ein anderes Rechtsgut zurücktritt, so ist nur eine Einschränkung des zurücktretenden Rechtsguts gerechtfertigt, soweit es die höhere Wertigkeit des anderen Rechtsguts gebie-

---

120 BVerfGE 35 S. 202, 221 *Lebach I.*
121 BVerfG NJW 2000 S. 1859, 1860 f. *Lebach II.*

tet.[122] Schließlich folgt aus dem Rechtsstaats- und Sozialstaatsprinzip der Gedanke der **Zumutbarkeit**. Dieser bezeichnet die Opfer- und Härtegrenze für den zurücktretenden Rechtsguts- und Interessenträger. *Im Lebach-Urteil stellte das BVerfG fest, dass das Informationsrecht der Öffentlichkeit und damit die Pressefreiheit für eine aktuelle Berichterstattung über Straftaten grundsätzlich den Vorrang vor dem Persönlichkeitsrechtsschutz des Täters genießt. Dieser Vorrang besteht jedoch nicht zeitlich unbeschränkt. Eine spätere Berichterstattung kann ausgeschlossen sein, wenn sie das Resozialisierungsinteresse des Täters beeinträchtigt.*[123] Der Grundsatz der Verhältnismäßigkeit kann eine Identifikation des Täters durch Namensnennung und Abbildung verbieten.[124]

9.1.5.4. Generalklauseln und unbestimmte Rechtsbegriffe

Der Gesetzgeber verwendet im Recht **unbestimmte Rechtsbegriffe und Generalklauseln** wie § 242 BGB Leistung nach *Treu und Glauben*, § 138 BGB, § 44 VwVfG *Sittenwidrigkeit* oder § 211 StGB *niedrige Beweggründe*. Diese unbestimmten Rechtsbegriffe und Generalklauseln widersprechen dem Streben nach Rechtssicherheit. Sie stehen im Dienste der Gerechtigkeit, um im Einzelfall zu angemessenen Lösungen zu finden. Sie dienen der Flexibilisierung des Rechts, um die Rechtsordnung für neue Anforderungen und einen Wertewandel offen zu halten. Generalklauseln und unbestimmte Rechtsbegriffe lassen Raum für einen **Wandel der** sozialen **Verhältnisse und Wertvorstellungen** der Gesellschaft, ohne dass diese eine Anpassung des geschriebenen Rechts erforderlich machen.

Diese Begriffe bieten für die grammatikalische Auslegung keine Anhaltspunkte. Die systematische und die teleologische Auslegung haben zu der Erkenntnis geführt, dass es sich um „Einfallstore" für die Wertungen der Verfassung und allgemeiner Rechtsprinzipien im einfachen Recht handelt. Bei deren Konkretisierung sind die Grundrechte und allgemeinen Rechtsprinzipien heranzuziehen.

Zur Förderung der Rechtssicherheit bei unbestimmten Rechtsbegriffen und Generalklauseln, und in den schon beschriebenen Güterabwägungsfällen ist die **Rechtsprechung** zur Bildung von **Fallgruppen** geschritten, die dem fraglichen Begriff unterfallen sollen oder auch nicht.[125] Diese Fallgruppen bieten dem Rechtsanwender eine Orientierung bei der Lösung zukünftiger Fälle. Ein Blick in einschlägige Kommentare und Rechtsprechungssammlungen liefert Anhaltspunkte für Vergleich und Gewichtung des zu beurteilenden Falles mit den von der Rechtsprechung entwickelten Fallgruppen. *Zur*

---

122 BVerfGE 35 S. 202, 221 f. *Lebach I*; BVerfG NJW 2000 S. 1859, 1860 *Lebach II*.

123 BVerfGE 35 S. 202, 231, 235 *Lebach I*; BVerfG NJW 2000 S. 1859, 1860 f. *Lebach II*.

124 BVerfG NJW 2000 S. 1859, 1860 *Lebach II*.

125 BVerfGE 66 S. 116, 138 ff.

*Sittenwidrigkeit von Ratenkreditverträgen entwickelte der Bundesgerichts-
hof die Grundsätze, dass Sittenwidrigkeit bei einem auffälligen Missverhält-
nis von 100 % zwischen Vertragszins und marktüblichem Effektivzins vorliegt bzw. wenn der Vertragszins den marktüblichen Effektivzins um absolute 12 % übersteigt.*[126]

9.2. Rechtsfortbildung

Subsumtion und Auslegung können zu dem Ergebnis führen, dass ein Sachverhalt keinerlei Regelung im Gesetz gefunden hat oder das gefundene Ergebnis nicht angemessen ist. In diesen Fällen kann nicht die Auslegung, sondern nur die Rechtsfortbildung weiterhelfen.[127]

Nur wenn die **Auslegung zu keinem Ergebnis** führt, darf die Rechtsfortbildung über das Gesetz hinaus herangezogen werden. Diese Reihenfolge gebietet die demokratische Legitimation der Rechtsordnung, der Gewaltenteilungsgrundsatz und das Rechtsstaatsprinzip.

Ausnahmsweise gestattet der Grundsatz der Gewaltenteilung gewisse
Durchbrechungen und Überschneidungen der Legislativen auf der einen
Seite und der Judikativen und der Exekutiven auf der anderen Seite. Dies
bringt Art. 20 Abs. 3 GG zum Ausdruck, der **Gesetz und Recht** auf eine Stufe
nebeneinander stellt. Gesetz und Recht decken sich nicht notwendig. Das
Recht dient als Korrektiv gegenüber den Gesetzen.[128] Der Gesetzgeber kann
nicht alle regelungsbedürftigen Sachverhalte von vornherein erkennen und
regeln. Es sind nicht alle regelungsbedürftigen Einzelfälle in der Zukunft vor-
hersehbar. Jedes Gesetz bleibt damit zwangsnotwendig unvollkommen.
Hinzu kommt, dass der Gesetzgeber Sachverhalte wie den Arbeitskampf bewusst keiner Regelung zugeführt hat, sondern diese Aufgabe der Rechtsprechung überlassen hat, obwohl ein Regelungsbedürfnis aus Gründen der
Rechtssicherheit und des Rechtsfriedens besteht. Gesetzen ist deshalb die
Notwendigkeit der Rechtsfortbildung immanent. Deshalb gehen selbst die
Gerichtsverfahrensgesetze wie § 132 Abs. 4 GVG, § 45 Abs. 4 ArbGG davon aus, dass die Rechtsfortbildung Aufgabe der Gerichte ist.

Da Art. 20 Abs. 3 GG Gesetz und Recht auf eine Stufe stellt, kann eine
Rechtsfortbildung sogar entgegen einer bestehenden gesetzlichen Regelung
contra legem zur Vermeidung unangemessener, sachwidriger Ergebnisse eingreifen. Diese Rechtsfortbildung steht in einem Spannungsverhältnis zum
Gewaltenteilungsgrundsatz. Deshalb ist bei der Rechtsfortbildung entgegen
der Aussage eines Gesetzes **Zurückhaltung** geboten.

---

126 BGHZ 110 S. 338.
127 Kohler-Gehrig, Eleonora S. 103 ff.; Larenz, Karl/Canaris, Claus-Wilhelm
S. 187 ff.
128 BVerfGE 34 S. 269, 286.

9.2.1. Rechtsfortbildung zur Lückenschließung

Allgemein anerkannt ist die Rechtsfortbildung zur Schließung von Gesetzeslücken.[129] Gesetzeslücken stellen ergänzungsbedürftige **Unvollständigkeiten im Gesetz** dar. Lücken im Gesetz können verschiedene Ursachen haben. So hat der historische Gesetzgeber in Einzelfällen bewusst auf eine Regelung verzichtet, weil er es Wissenschaft und Praxis überlassen wollte, sachgerechte Lösungen zu finden. Das sind die **bewussten Lücken** wie beim Streikrecht im Arbeitsrecht.

Häufiger treten **unbewusste Lücken** auf. Ihre Ursache kann darin liegen, dass der Gesetzgeber die Problematik im Zeitpunkt des Gesetzeserlasses nicht vollständig erfasste oder weil die regelungsbedürftige Problematik erst nachträglich durch Änderungen der tatsächlichen Gegebenheiten oder der Wertordnung entstand.

Die Praxis hat mehrere anerkannte **Methoden zur Schließung** von Gesetzeslücken geschaffen wie

- Analogieschluss
- Umkehrschluss
- Teleologische Reduktion oder
- Rechtsergänzung.

Deren Voraussetzungen und Anwendungsbereich und vor allem deren Grenzen werden im Folgenden dargestellt.

9.2.1.1. Analogieschluss

Beim Analogieschluss werden Rechtssätze, die für andere Sachverhalte geschaffen wurden, auf einen Sachverhalt übertragen, der zwar im Recht keine Regelung gefunden hat, wegen seiner **Rechtsähnlichkeit** und **Wesensähnlichkeit** jedoch derselben Regelung zugänglich ist.[130] Je ähnlicher zwei Sachverhalte sind, je eher ist es gerechtfertigt, sie gleich zu behandeln. Wann eine ausreichende Ähnlichkeit für eine Analogie vorliegt und wann nicht, ist durch Wertentscheidung zu klären. Allgemeingültige, objektive Maßstäbe für diese Wertentscheidung gibt es nicht. *§§ 12, 862, 1004 BGB sehen eine Unterlassungsklage bei Störungen des Namensrechts, des Besitzes und des Eigentums vor und werden entsprechend auf alle absoluten Rechte angewandt, bei denen das Gesetz keinen Schutz gegen Störungen vorsieht.*

Die Bedeutung der Analogie belegt der Umstand, dass zahlreiche im Wege des Richterrechts zu **Gewohnheitsrecht** erstarkten Rechtssätze **durch Analogie** entwickelt wurden. Hat sich Gewohnheitsrecht gebildet, ist nur das geschriebene Recht, nicht aber die Rechtsordnung lückenhaft.

---

129 BGH NJW 2005 S. 3498 f.
130 BGH NJW 2005 S. 3498.

Die Rechtsprechung hat den Grundsatz entwickelt, dass eine Analogie **zu Ausnahmevorschriften unzulässig** ist.[131] Sie geht von der Überlegung aus, dass Ausnahmevorschriften nur ganz besonders gelagerte Sonderfälle regeln und deshalb grundsätzlich nicht auf andere Sachverhalte übertragbar sind. Dahinter verbirgt sich die Befürchtung, die Ausnahme könne im Wege der Analogie zur Regel werden. Sind jedoch der in der Ausnahmevorschrift geregelte Sonderfall und der nicht geregelte Fall wesensmäßig gleich gelagert, kann trotzdem eine Analogie in Betracht kommen.[132] *Widerspruch und Anfechtungsklage haben nach § 80 Abs. 1 VwGO grundsätzlich aufschiebende Wirkung. Diese entfällt nach § 80 Abs. 2 GG Nr. 2 VwGO in Fällen unaufschiebbarer Maßnahmen von Polizeivollzugsbeamten. Diese Ausnahmevorschrift kommt analog zur Anwendung auf Anordnungen durch Verkehrszeichen.*

Aus dem Analogieschluss wurde der **Erst-Recht-Schluss** entwickelt. Ist die vorsätzliche Beihilfe zum Selbstmord nicht strafbar, dann ist erst recht die fahrlässige Herbeiführung eines Selbstmords nicht strafbar.[133] Neben dieser ersten Form des Erst-Recht-Schlusses vom Mehr-auf-das-Weniger gibt es noch eine zweite Form vom Weniger-auf-das-Mehr oder anders ausgedrückt vom Kleineren auf das Größere. *§ 2 Abs. 1 StVO besagt: Fahrzeuge müssen die Fahrbahn benutzen, von zwei Fahrbahnen die Rechte. Dies gilt erst recht, wenn es drei und mehr Fahrbahnen gibt. Nach Art. 14 Abs. 3 GG setzt die rechtmäßige Enteignung eine Entschädigung voraus. Dies hat erst recht für einen rechtswidrigen Eingriff zu gelten.*

Von einer unbedachten Anwendung eines Erst-Recht-Schlusses ist abzuraten, da die Gleichwertigkeit sorgfältig in jedem Einzelfall zu prüfen ist. Ebenso wie der Analogieschluss handelt es sich nicht um ein formallogisches Schlussverfahren, sondern um eine Wertung. Diese setzt eine Gleichwertigkeit des im Gesetz geregelten und des nicht geregelten Sachverhaltes voraus. Diese Gleichwertigkeit muss in jedem Fall erst festgestellt werden. Sie versteht sich nicht von selbst.

9.2.1.2. Umkehrschluss

Analogie gilt bei wesensmäßiger Ähnlichkeit. Sie kann nicht bei Andersartigkeit, einem wesensmäßigen Unterschied zwischen einer gesetzlichen Regelung und dem nicht geregelten Sachverhalt zur Anwendung kommen. Sie kann weiter nicht zur Anwendung kommen, wenn einer Regelung die Wertung eigen ist, nur für die von der Regelung erfassten Sachverhalte und nicht darüber hinaus zu gelten. Dies ist ein Anwendungsfall des Umkehrschlusses. Soweit eine **Regelung abschließenden Charakter** hat, nur die geregelten Fälle erfassen will, verbietet sich eine Analogie. Dem Umkehrschluss liegt die Wer-

---

131 BGH NJW 1989 S. 227. Dem entspricht der Grundsatz bei der Auslegung, dass Ausnahmevorschriften restriktiv auszulegen sind.
132 Zippelius S. 69.
133 BGHSt 24 S. 342, 344.

tung zugrunde, dass mit der Verknüpfung einer bestimmten Rechtsfolge an einen bestimmten Tatbestand, andere nicht erfasste Tatbestände gerade nicht dieselbe Rechtsfolge erfahren sollen. *§ 1601 BGB sieht eine Unterhaltspflicht nur unter Verwandten in gerader Linie vor. Daraus kann im Umkehrschluss hergeleitet werden, dass Verwandte in der Seitenlinie gerade nicht zum Unterhalt verpflichtet sein sollen. Die Regelung ist ganz bewusst ausschließlicher Natur. Die Heranziehung anderer Verwandter zu Unterhaltszahlungen ist nicht gewollt. Diese gewollte Beschränkung, die ausdrückliche Abgrenzung des Regelungsbereiches steht einer Erweiterung im Wege der Analogie entgegen.*

Analogie gilt bei wesensmäßiger Ähnlichkeit, der Umkehrschluss bei **Andersartigkeit**. Dort wo die Ähnlichkeit aufhört, wo ein wesentlicher Unterschied auftritt, hat die Analogie ihre Grenze und es kommt der Umkehrschluss in Betracht. Der Umkehrschluss zeigt die Grenze der analogen Rechtsfortbildung auf. Der Umkehrschluss beruht auf dem Schluss von der Verschiedenheit der Voraussetzungen auf die Verschiedenheit der Rechtsfolgen. Er geht wie der Analogieschluss von dem Gerechtigkeitsgedanken aus, wonach Gleiches gleich und Ungleiches ungleich zu behandeln ist. Beruht die Analogie auf der Annahme einer Lücke im Gesetz, ergibt der Umkehrschluss, dass eine solche Lücke gerade nicht besteht, das Gesetz abschließend ist.

9.2.1.3. Teleologische Reduktion

Bei der teleologischen Reduktion wird ein Lebenssachverhalt, der vom Wortlaut einer Norm erfasst wird, gleichwohl nicht dem Regelungsbereich der Norm untergeordnet. Die teleologische Reduktion bezeichnet eine **Tatbestandseinengung**, ein Zurückbleiben des Regelungsbereiches hinter dem Wortlaut. Zur teleologischen Reduktion wird gegriffen, wenn das Gesetz die wertungsmäßigen Differenzierungen nicht vornimmt, der Tatbestand zu weit gefasst ist und die erforderlichen Einschränkungen nicht gegeben sind. Deshalb muss die in ihrem Wortlaut zu weit gefasste Norm eingeschränkt werden. *§ 139 BGB bestimmt: Ist ein Teil eines Rechtsgeschäfts nichtig, so ist das ganze Rechtsgeschäft nichtig, wenn nicht anzunehmen ist, dass es auch ohne den nichtigen Teil vorgenommen sein würde. § 139 BGB will der Entschließungsfreiheit der Vertragsparteien Rechnung tragen, die den Vertrag ohne die besagte Klausel wohl nicht abgeschlossen hätten. Die Vorschrift wird nicht auf Arbeits- und Mietverträge angewandt, in denen Schutzgesetze zu Lasten des Mieters bzw. Arbeitnehmers durch Vertragsklauseln umgangen werden sollen. Diese Vertragsklauseln sind nach § 134 BGB nichtig. Aus der Nichtigkeit dieser Vertragsklauseln würde weiter nach § 139 BGB die Nichtigkeit des Gesamtvertrages folgen, denn ohne die nichtige Klausel hätte der Vermieter bzw. Arbeitgeber den Vertrag nicht abgeschlossen. Dieses Ergebnis würde den sozial schwächeren Mieter bzw. Arbeitnehmer aller Vorteile aus dem Vertrag berauben. Er hätte keine Mietwohnung bzw. kein Arbeitsverhältnis zur Existenzsicherung. Der Schutzzweck der umgangenen*

Schutzvorschriften, die den sozial Schwächeren schützen wollen, würden in ihr Gegenteil verkehrt werden, wenn der gesamte Vertrag nichtig wäre. Deshalb ist der Vertrag entgegen § 139 BGB wirksam. Nichtig ist nur die Klausel über die Umgehung der Schutzvorschrift.

Mit der teleologischen Reduktion wird wie bei der Analogie eine **Lücke im Gesetz geschlossen.** Die Lücke besteht in fehlenden Einschränkungen, Differenzierungen des Gesetzes, die im Wege der Rechtsfortbildung eingefügt werden.

9.2.1.4. Rechtsergänzung

Analogie, Umkehrschluss und teleologische Reduktion beruhen auf der Anknüpfung an gesetzliche Regelungen. Fehlt es an einer solchen konkreten Anknüpfungsmöglichkeit ist für die Lückenschließung auf die Rechtsergänzung zurückzugreifen.

Die Rechtsergänzung greift zur Schließung von Regelungslücken auf die **Verfassung** zurück, auf **allgemeine Rechtsgrundsätze** und **Rechtsprinzipien.** Sie sucht damit wie die Analogie ihre Legitimation im bestehenden Rechtssystem. Greift die Analogie auf ähnlich gelagerte gesetzliche Regelungen zurück, verbleibt für die Rechtsergänzung der Rückgriff auf allgemeine Rechtsprinzipien und Werte der Rechtsordnung. Der Übergang zwischen Analogie und Rechtsergänzung ist fließend. *Aus Art. 9 Abs. 3 GG und Art. 3 GG wurden wesentliche Grundsätze zum Recht des Arbeitskampfes und der Arbeitskampfparität hergeleitet.*

Die Rechtsergänzung fragt wie die teleologische Auslegung nach Regelungsabsicht, **Sinn und Zweck** des als unvollständig erachteten Gesetzes. *Die Einwilligung des Verletzten stellt sowohl im Zivilrecht wie im Strafrecht einen ungeschriebenen Rechtfertigungsgrund bei Körperverletzungen durch ärztliche Heilbehandlung dar. Die Einwilligung verkörpert das allgemeine Rechtsprinzip der Selbstbestimmung der Person, das in Art. 2 GG seinen Ausdruck gefunden hat.*

Der Grundsatz der Gewaltenteilung verwehrt eine richterliche Rechtsfortbildung, die sich alleine auf das Ermessen oder Zweckmäßigkeitsgesichtspunkte des Gerichts stützt. Soweit sich die Rechtsfortbildung auf allgemeine Rechtsprinzipien oder die allgemeine Werteordnung stützt, findet sie ihre Rechtfertigung in der Rechtsordnung selbst.

9.2.2. Rechtsfortbildung contra legem

Die Rechtsfortbildung contra legem, **gegen** den **Wortlaut des Gesetzes,** betrifft die Berichtigung gesetzlich nicht hinreichend geregelter Sachverhalte. Der Rechtsanwender setzt sich über den Wortlaut der Norm hinweg, korrigiert den Wortlaut der Norm. Sie steht im Spannungsfeld zwischen Rechtssicherheit und Gerechtigkeit: Die Rechtssicherheit gebietet die Bindung an den Wortlaut des Gesetzes. Sie trägt dem in Art. 20 Abs. 3 GG und Art. 97 Abs. 1 GG niedergelegten Grundsatz vom Vorrang des Gesetzes Rechnung, der Bindung der Gerichte an das Gesetz und ihrer besonderen demokratischen Legitimation. Die Gerechtigkeit kann die **Abweichung vom Gesetz** gebieten. Eine Abweichung ist anerkannt, wenn eine **dringende Notwendigkeit** für die Korrektur einer vorhandenen Norm besteht. Ihre Legitimation zur Rechtsfortbildung contra legem entnimmt die Rechtsprechung Art. 20 Abs. 3 GG, der das Recht dem Gesetz gegenüberstellt. Diese Verfassungsnorm gibt zum Ausdruck, dass es eine strikte Gesetzesbindung nicht gibt. Ergeben Gerechtigkeitsüberlegungen eine Notwendigkeit zur Gesetzeskorrektur, so ist eine Rechtsfortbildung contra legem zulässig, soweit Sinn und Zweck des jeweiligen Gesetzes und die Wertordnung des Grundgesetzes gewahrt werden. *Wegen Art. 9 Abs. 3 und Art. 20 Abs. 1 GG stellt ein rechtmäßiger Streik keinen wichtigen Grund zur Kündigung nach § 626 BGB dar.*

Mit der Rechtsfortbildung contra legem dürfen der Gewaltenteilungsgrundsatz und das Rechtsstaatsprinzip nicht in ihr Gegenteil verkehrt werden. Je älter ein Gesetz ist, umso gravierendere Veränderungen in der Rechtswirklichkeit seit Erlass eines Gesetzes erfolgt sind, umso eher besteht die Legitimation zur Rechtsfortbildung contra legem. Das gilt insbesondere für vorkonstitutionelle Gesetze, Gesetze aus der Zeit vor Erlass des Grundgesetzes, denen die Wertungen des späteren Verfassungsgebers noch fremd waren.

Die Rechtsfortbildung contra legem weist **Parallelen zur teleologischen Reduktion** auf. Bei der teleologischen Reduktion wird das Gesetz entgegen seinem Wortlaut auf bestimmte Fallgruppen – die die Voraussetzungen der Norm erfüllen – nicht angewandt, weil die Norm nach ihrem Sinn und Zweck für diese Fallgruppen nicht passt. Der Sinn und Zweck der Norm folgt aus dieser selbst. Die teleologische Reduktion leitet ihre Legitimation aus dem betreffenden Rechtssatz selbst ab. Bei der Rechtsfortbildung contra legem wird der Gesetzeswortlaut verlassen, nicht weil es Sinn und Zweck der Rechtsvorschrift selbst gebieten, sondern weil es die Gerechtigkeit als übergeordnetes Prinzip gebietet.

Die Rechtsfortbildung contra legem darf **nicht** zum Zuge kommen, wenn im Spannungsfeld zwischen Demokratieprinzip, Gewaltenteilungsgrundsatz und Rechtsstaatsprinzip contra Gerechtigkeitsprinzip erstere eindeutigen Vorrang beanspruchen.

9.2.3. Grenzen der Rechtsfortbildung

Die gesetzesergänzende und die gesetzesändernde Rechtsfortbildung erfährt ihre Legitimation aus Art. 20 Abs. 3 GG. Sie greift zur Schaffung neuer Rechtsgrundsätze auf Wertungen des Grundgesetzes zurück. Die Rechtsfortbildung findet ihre **Schranke** gleichfalls **im Grundgesetz:**

Nach Art. 103 Abs. 2 GG und § 1 StGB, § 3 OWiG kann eine Tat nur bestraft werden, wenn die Strafbarkeit vor Begehung der Tat gesetzlich bestimmt war. Eine Strafbarkeit kann nur aus einem Gesetz folgen. Nur der Gesetzgeber ist zur Schaffung von Strafgesetzen berufen. Eine Erweiterung der

Straftatbestände im Wege der Rechtsfortbildung ist damit ausgeschlossen. Der mögliche Wortsinn des Gesetzes kennzeichnet die äußerste Grenze zulässiger Interpretation.[134]

Auch im **Strafrecht** muss sich der Gesetzgeber wegen der Vielgestaltigkeit der zu erfassenden Sachverhalte allgemeiner und abstrakter Strafnormen bedienen. Die Verwendung auslegungsbedürftiger Rechtsbegriffe ist unvermeidbar und mit dem aus dem Rechtsstaatsprinzip abgeleiteten Grundsatz der Bestimmtheit einer Strafnorm vereinbar. Für die Bestimmtheit einer Strafvorschrift ist der für den Adressaten erkennbare und verstehbare Wortlaut entscheidend. Jedermann soll vorhersehen können, welches Handeln mit welcher Strafe bedroht ist, um sein Verhalten entsprechend einrichten zu können.[135] Eine am Wortlaut orientierte Auslegung, einschließlich einer extensiven Auslegung ist zulässig. Eine Erweiterung der Strafbarkeit über den Wortlaut hinaus im Wege der Rechtsfortbildung, sei es mittels Analogie oder Rechtsergänzung, ist verfassungswidrig. Eine extensive Auslegung bis zum äußersten Wortsinn ist noch erlaubt, eine Rechtsfortbildung nicht mehr. *Die Auslegung des Begriffs „Eindringen" erlaubt es nicht, nächtliche Störanrufe als Hausfriedensbruch nach § 123 StGB zu erfassen.*

Das Analogieverbot sowie das Verbot strafschärfender oder strafbegründender Rechtsfortbildung betrifft nur das materielle Strafrecht, nicht hingegen das formelle Strafverfahrensrecht.

Die Rechtsfortbildung ist zudem im Bereich der **Eingriffsverwaltung** aufgrund des Vorbehalts des Gesetzes für belastende Verwaltungsakte, wie es in Art. 2 Abs. 2 S. 2 GG zum Ausdruck kommt, und aufgrund des rechtsstaatlichen Bestimmtheitsgebots des Art. 20 GG eingeschränkt.

9.3. Empirische Studien

Die Untersuchung juristischer Fragestellungen kann die Rechtstatsachenforschung einbeziehen. Die **Rechtstatsachenforschung** hat sich in erster Linie die Erforschung von Akzeptanz und Effektivität von Verfahren und Recht zum Ziel gesetzt. Ein von vielen Vertretern der Rechtssoziologie angestrebtes Ziel ist die Legitimität durch Verfahren.[136] Es gibt zahlreiche **Möglichkeiten für die Anwendung** der Rechtstatsachenforschung:[137]

Die Untersuchung kann sich erstrecken auf die Problematik, wieweit Rechtsnormen den Normadressaten bekannt sind. Sie kann den weitergehenden Gesichtspunkt erfassen, ob die Normadressaten die Rechtsnormen

---

134 BVerfGE 71 S. 108, 115.
135 BVerfGE 57 S. 250, 252.
136 Raiser, Thomas: Grundlagen der Rechtssoziologie, 4. A., Tübingen 2007, S. 214 ff.
137 Raiser, Thomas mit Beispielen S. 17 ff.

verstehen. Die Ordnungsfunktion des Rechts kann nur zur Wirkung gelangen, wenn Rechtsnormen ihre Adressaten erreichen können. Formale Kenntnis einer Rechtsnorm genügt nicht.

Die Rechtssoziologie geht der Frage nach, ob die Normadressaten die Rechtsnormen akzeptieren und befolgen. Akzeptanz vermag die Integrations- und Bindungskraft des Rechts zu steigern. Staatliche Prävention, Kontrolle und Sanktion reduziert sich auf ein Minimum bei Rechtsnormen, die von der Bevölkerung freiwillig befolgt werden. Die Akzeptanz des Rechts ist die „halbe Polizei".

Untersuchungsgegenstand kann sein, ob Rechtsnormen die ihnen zugedachte Steuerungsleistung erfüllen und welche Mechanismen diese Steuerungsleistung verstärken können oder ihr abträglich sind. *Die Steuerung durch Gebote und Verbote in der StVO folgt anderen Gesetzen wie bei Steuererleichterungen.*

Es wird die Praktikabilität von Rechtsnormen und Verwaltungsvorschriften hinterfragt. Manch bewährte Rechtstradition und Verwaltungspraxis ist im Laufe der Zeit, in Anbetracht neuer Rahmenbedingungen auf den Prüfstand zu stellen. *So erspart die Einführung von Pauschalen im Steuerrecht dem Steuerzahler und der Verwaltung einen unverhältnismäßigen Aufwand an Nachweisführung und Einzelabrechnung.*

Zunehmend werden die Kundenorientierung und der Dienstleistungscharakter zum Maßstab des Verwaltungshandelns gemacht. Dies erfordert eine Neukonzeption des Verwaltungshandelns.

Eine wissenschaftliche Arbeit kann untersuchen, ob Rechtsänderungen erforderlich sind und wie diese Rechtsänderungen aussehen können. Hieran kann sich die Frage anschließen, welche Konsequenzen Rechtsänderungen auszulösen vermögen. Zweckgerichtete Maßnahmen sind zu entwickeln, um die Notwendigkeit einer bevorstehenden Rechtsänderung im Bewusstsein der Bevölkerung zu verankern. *So wurde die Einführung der Gurtanlegepflicht durch eine breit angelegte Informationskampagne begleitet.*

Es ist dem Phänomen nachzugehen, warum die Praxis einheitlich formulierte Rechtsvorschriften und Verwaltungsbestimmungen gleichwohl unterschiedlich anwendet und ob eine solch unterschiedliche Anwendung mit dem Gleichheitsgebot und dem Rechtsbewusstsein der Bevölkerung vereinbar ist.

Zur Rechtstatsachenforschung können die Methoden der Empirischen Sozialforschung eingesetzt werden.[138] Es stehen **Maßnahmen der Primärerhebung** und der **Sekundäranalyse** zur Auswahl.

Primärerhebungen decken den Informationsbedarf durch eigene Erhebungen ab. Sie können auf den eigenen Informationsbedarf abgestimmt werden. Aus Zeitgründen sind Primärerhebungen bei einer Seminararbeit regelmäßig ausgeschlossen.

---

138 Diekmann, Andreas: Empirische Sozialforschung, 18. A., Reinbek 2007, S. 434 ff.

Sekundäranalysen begnügen sich mit der Beschaffung, Zusammenstellung und Auswertung bereits vorhandenen Materials. Der Kosten- und Zeitaufwand hält sich in Grenzen. Die vorgefundenen Daten decken nicht immer den Informationsbedarf und das Ziel der Untersuchung ab.

Es kommen zur Rechtstatsachenforschung verschiedene **Arten empirischer Erhebungen** in Betracht:

Es kann die Datengewinnung durch strukturierte Umfragen mit **Fragebogen** erfolgen wie es im gewerblichen Rechtsschutz, Wettbewerbs- und Warenzeichenrecht Usus ist.[139] *Die Demoskopie liefert Erkenntnismittel über fest verankerte Sitten und Gebräuche, wie Anstands- und Verhaltensregeln im menschlichen Zusammenleben. Solche ungeschriebenen Gesetze können als Instrument sozialer Kontrolle zur gesellschaftlichen Integration beitragen und das Funktionieren der Rechtsordnung verstärken aber auch schwächen.*

Der Fragebogen und die Gesamtauswertung sind in den Anhang aufzunehmen. Die einzelnen Fragen aus dem Fragebogen, die hierzu erlangten Ergebnisse und die daraus hergeleiteten Schlussfolgerungen sind im Textteil zusammenhängend zu erörtern. In den Fußnoten ist auf die Dokumente im Anhang zu verweisen.

Es können auch Befragungen in der Form von **Interviews** durchgeführt werden.[140] Sie eignen sich für Akzeptanz- und Tendenzerhebungen. Angaben zu der befragten Person, deren Funktion und das Datum der Befragung sowie die wichtigsten Fragen und Antworten sind in den Anhang aufzunehmen.

Dokumentenanalysen aus Akten und Registern geben Auskunft über den Istzustand von Verfahren. Sie geben Auskunft darüber, welche Faktoren den Ablauf und die Dauer eines Verfahrens beeinflussen können. *Bei Untersuchungen zur Prozessflut bei Zivilgerichten wurden Akten und Register repräsentativ herangezogener Gerichte ausgewertet. Ausgangspunkt der Untersuchung waren verschiedene Hypothesen zu den Ursachen der Prozessflut.*[141] *Aktenanalysen gaben Auskunft über die Effizienz des besonderen Kündigungsschutzes für Schwerbehinderte.*[142]

---

139 Noelle-Neumann, Elisabeth: Demoskopie als Instrument der Rechtstatsachenforschung, in: Heinz, Wolfgang (Hrsg.): Rechtstatsachenforschung heute. Konstanzer Schriften zur Rechtstatsachenforschung, Bd. 1, 2. A., Konstanz 1998, S. 147, 153.

140 Rossig, Wolfram/Prätsch, Joachim S. 71.

141 Pflüger, Almut: Rechtstatsachenforschung in der Praxis, in: Brand, Jürgen/Strempel, Dieter (Hrsg.): Soziologie des Rechts: Festschrift für Erhard Blankenburg, Baden-Baden 1998, S. 563 f.

142 Jopen, Christoph: Der besondere Kündigungsschutz für Schwerbehinderte, Konstanzer Schriften zur Rechtstatsachenforschung, Bd. 5, Konstanz 1998, S. 205 ff.

Beobachtungen umfassen die Fremdbeobachtung, auch Verhaltensbeobachtung genannt und die Eigenbeobachtung. *Beobachtung des Fahrverhaltens nach Alkoholkonsum. Einfluss der Medien auf die Entscheidungen der Justiz. Mediation bei Streitigkeiten über das Sorge- und Umgangsrecht. Beobachtung abweichenden kriminellen Verhaltens.*

Soziometrische Befragungen und Beobachtungen zur Messung zwischenmenschlicher Präferenzbeziehungen wie Anziehung und Ablehnung können bei der Personalplanung vorteilhaft sein.

Vergleiche unterschiedlicher Verwaltungsstrukturen können Anhaltspunkte über die Effizienz des Verwaltungshandelns liefern. Organigramme und Ablaufpläne fördern die Übersichtlichkeit und Vergleichbarkeit.

Die **Datenanalyse** von Statistiken und demoskopischen Untersuchungen vermag Ursachen aufzuspüren und Entwicklungen absehbar zu machen. *Statistiken lieferten die Grundlage für die Untersuchung einer vermuteten Korrelation zwischen der Zunahme der Zahl der Rechtsschutzversicherten und des Verfahrensanstiegs bei Zivil- und Arbeitsgerichten.*

Hochrechnungen aus repräsentativen Stichprobenerhebungen finden bei Wahlprognosen Anwendung.

Für einzelne Arten der Primärerhebung wie Fragenbogenumfragen mangelt es oftmals an Zeit und Geld sowie an den erforderlichen Kenntnissen zur Erhebungstechnik, zum Gegenstand der Erhebung und der Zielgruppe. Gleichwohl bleibt die Möglichkeit einer Sekundäranalyse, bei der bereits vorliegende Untersuchungen unter neuen Gesichtspunkten ausgewertet werden. So können Daten der Marktforschung für innerbetriebliche Analysen verwendet werden.

Es kann genügen, sich bei der Tatsachenforschung auf eine Methode zu beschränken. Es können zur Vertiefung und Verbreiterung des Datenmaterials mehrere Methoden nebeneinander angewandt werden. Ergebnisse aus Interviews können durch Fragebogenerhebungen eine breitere Datenbasis erhalten und verifiziert werden. Aktenanalysen können die Grundlage für die Erstellung von Fragebögen schaffen, die eine umfassende Umfrage und Datenerhebung gestatten.

Werden empirische Studien gefertigt, ist das methodische Vorgehen zu erläutern. Es ist die Konzeption der Erhebung sowie deren Auswertung darzulegen. Die Auswertung und die daraus gezogenen Schlussfolgerungen sind schlüssig darzulegen.

9.4. Rechtsvergleichung

Wichtige Erkenntnisse für anstehende Rechtsänderungen und erhöhte **Effektivität des Rechts** lassen sich der Rechtsvergleichung entnehmen. Sie öffnet den Blick für die Vielfalt menschlicher Kultur und die gesellschaftliche Funktion des Rechts. Sie setzt nicht nur Kenntnisse im eigenen Recht voraus, son-

dern auch Kenntnisse fremder Rechtsordnungen, Kenntnisse fremder Sozial-
strukturen und Sozialpolitik sowie Sprachkenntnisse und Methodenunter-
schiede.[143]

Die Rechtsvergleichung fordert zu globalem statt zu nationalem Denken
heraus. Sie sieht den Zweck des Rechts nicht in der Wahrung der bestehenden Rechtsordnung, sondern sucht Verbesserungen in der Zukunft und Anpassung an die sich ständig ändernden gesellschaftlichen und wirtschaftlichen Anforderungen an das Recht. Sie kann einen Beitrag zur Rechtsverein-
heitlichung leisten, in dem sie nach Regeln sucht, die über das nationale
Recht hinaus Geltung beanspruchen.[144]

Ständig wachsende Mobilität in allen Lebensbereichen, die Öffnung der
Grenzen für den Warenverkehr und internationale Verflechtungen fordern,
über nationale Grenzen hinaus zu sehen. Ähnliche Situationen und Problemlagen haben in verschiedenen Staaten verschiedene Lösungen gefunden. Eine
jede Lösung hat die ihr eigenen Stärken und Schwächen, Vorteile und Nachteile. Sie haben ihren eigenen geschichtlichen, politischen und sozialen Hin-
tergrund. Der Vergleich dieser Lösungsalternativen, der Rechtsgrundlagen
und der Leistungsfähigkeit kann neue Erkenntnisse eröffnen und den Wirkungsgrad der Rechtsordnung erhöhen.

Rechtsvergleichung liefert Denkanstöße bei Rechtsänderungen wie auch
bei der Rechtsfortbildung durch die Rechtsprechung und Verwaltung bei Lücken im Gesetz. Sie **liefert Erkenntnisse** darüber,

- welche Regelungen in anderen Ländern effizient sind und
- welche Rahmenbedingungen zur Effizienzsteigerung beitragen
- welche Nebenwirkungen und Begleiterscheinungen sich gezeigt haben
- welche Regelungen in anderen Ländern sich als nachteilig oder nicht
  praktikabel erwiesen haben.

So wies die Rechtsvergleichung Wege zur außergerichtlichen Streitbeilegung
zum Täter-Opfer-Ausgleich und zu Verhandlungskonzepten bei Umwelt-
konflikten sowie Maßnahmen bei häuslicher Gewalt.

Rechtsvergleichung darf sich nicht auf den formalen Vergleich von
Rechtsnormen durch Gegenüberstellung derselben beschränken, sondern
muss Recht als Instrument sozialen Wandels und als Mittel der sozialen
Steuerung umfassend betrachten. Sie fragt nach der wirtschaftlichen und sozialen Funktion einzelner Rechtsnormen und Rechtsinstitute, die Einbindung in die Gesamtrechtsordnung, die Abstimmung von materiellem Recht
und formellem Recht und erforscht deren Wirkungsgrad.

---

143 Salgo, Ludwig: Der Anwalt des Kindes. Die Vertretung von Kindern in zivilrechtlichen Kindesschutzverfahren – eine vergleichende Studie, Köln 1993, S. 27 ff.
144 Sacco, Rodolfo: Einführung in die Rechtsvergleichung, Baden-Baden 2001,
   S. 153 ff.

10. Die Sprache wissenschaftlicher Arbeiten

Die Suche nach dem richtigen Wort, das Arbeiten an der Formulierung ist nicht nur eine kosmetische Randerscheinung. Sprache verfolgt den Zweck, **Sinn** und **logische Strukturen** herzustellen. Formulierung ist Arbeit am Inhalt. Die Sprache zielt darauf, den Inhalt klar, unmissverständlich und prägnant zu transportieren.[145] Dem Verfasser einer wissenschaftlichen Arbeit bietet sich eine Vielfalt von stilistischen Formen an. Eine wissenschaftliche Arbeit mit juristischer Fragestellung sollte die in diesem Fachgebiet eingeführten Darstellungsweisen und Sprachgepflogenheiten berücksichtigen.

10.1. Wort und Satz

In Wörtern und Sätzen drückt der Verfasser der Arbeit seine Gedanken und Erkenntnisse aus. Diese müssen **klar, verständlich** und **flüssig** sein. Sind Sprache und Formulierungen unklar, legt dies die Vermutung nahe, dass die dahinter stehenden Gedanken ebenfalls im Unklaren liegen.[146] Muss der Leser einen Satz mehrmals lesen, um ihn zu verstehen, geht dies zu Lasten des Verfassers. Es entsteht der Eindruck, der Verfasser könne seine Gedanken nicht klar strukturieren und dieser Mangel hängt nicht nur diesem Satz, sondern der Arbeit selbst und der Durchdringung der Thematik an. Klare, unmissverständliche Aussagen lassen sich am ehesten durch prägnante, kurze Formulierungen erreichen. Bezüge in Sätzen müssen klar sein. Es muss klar sein, wer *es, dieser, welcher*, ist und was *das, wessen* ist.

Bei Abfassung einer wissenschaftlichen Arbeit sind die gängigen **technischen Fachbegriffe** zu verwenden. Diese erlauben eine präzise Darstellung ohne umschweifende Erläuterungen. Der fachkundige Leser versteht ohne Weiteres deren Bedeutung. *Es ist jedoch darauf zu achten, ob es sich um eindeutige technische Fachbegriffe handelt: So können unter den Gesetzesbegriff sowohl formelle wie materielle Gesetze fallen.*

Ist ein Begriff mehrdeutig oder unscharf, kann diesem Defizit durch eine **Definition** abgeholfen werden. Hierbei handelt es sich um eine Präzisierung, die in juristischen Arbeiten häufig erforderlich ist und in Gesetzen mit Legaldefinitionen praktiziert wird.

Die Sprache ist das Handwerkszeug der Juristen. Da Juristen nicht für sich schreiben, sondern sich anderen mitteilen wollen, müssen sie deren Kenntnisstand und Auffassungsgabe, deren Empfängerhorizont bedenken. Überlange Bandwurm- und Schachtelsätze dienen nicht der Verständlichkeit.

---

145 Bänsch, Axel S. 18 f.
146 Teubner, Ernst S. 32; Theisen, Manuel S. 135.

Ein abschreckendes Beispiel liefert das Reichsgericht[147] mit seiner Definition eines Eisenbahnunternehmens: *Ein Unternehmen, gerichtet auf wiederholte Fortbewegung von Personen oder Sachen über nicht ganz unbedeutende Raumstrecken auf metaller Grundlage, welche durch ihre Konsistenz, Konstruktion und Glätte den Transport großer Gewichtmassen, beziehungsweise die Erzielung einer verhältnismäßig bedeutenden Schnelligkeit der Transportbewegung zu ermöglichen bestimmt ist, und durch diese Eigenart in Verbindung mit den außerdem zur Erzeugung der Transportbewegung benutzten Naturkräften (Dampf, Elektrizität, thierische oder menschliche Muskelthätigkeit, bei geneigter Ebene der Bahn auch schon der eigenen Schwere der Transportgefäße und deren Ladung, u.s.w.) bei dem Betriebe des Unternehmens auf derselben eine verhältnismäßig gewaltige (je nach den Umständen nur in bezweckter Weise nützliche, oder auch Menschenleben vernichtende und die menschliche Gesundheit verletzende) Wirkung zu erzeugen fähig ist.*

Ist ein Satz länger als drei Zeilen sollte er unbedingt darauf untersucht werden, ob er sich nicht in mehrere Sätze auflösen lässt. Erforderliche Aufzählungen in einem Satz können dadurch an Verständlichkeit gewinnen, dass diese Aufzählungselemente untereinander gestellt werden und ein Spiegelstrich vorangestellt wird.

Die aufeinander folgenden Sätze sollen den **Ablauf des Gedankenganges** widerspiegeln. Also müssen die Sätze inhaltlich aufeinander aufbauen. Ein Gedankengang ist abzuschließen, bevor ein neuer Gedankengang aufgegriffen wird.[148] Zusammenhängende Gedankengänge und dazugehörige Sätze sind äußerlich erkennbar zu gruppieren. **Untergliederungen** oder **Absätze** dienen der optischen Abgrenzung von Sätzen und den dahinter stehenden Gedanken.

Es gibt eine Reihe von Formulierungsweisen, die dem Verständnis abträglich sind oder den Leser ermüden und langweilen. Wissenschaftliche Arbeiten wollen etwas Interessantes vermitteln. Sie sollten es auch interessant vermitteln. Vermeiden Sie[149]

- Verneinungen, wenn sich eine Aussage positiv formulieren lässt
- Genitiv-Sätze, die umständlich umschreiben, statt klar auszudrücken
- Passivsätze, die konstruiert wirken
- Substantive, wenn Verben zur Verfügung stehen

Die Lektüre einer wissenschaftlichen Arbeit ist oftmals recht trocken. Dies wird verstärkt, wenn der Sprachstil wenig Abwechslung bietet. Dem kann durch die Verwendung sinnverwandter Begriffe, so genannter synonymer Begriffe, abgeholfen werden. Eine Arbeitshilfe bieten Erläuterungswerke wie

---

147 RGZ 1 S. 247, 240.
148 Bänsch, Axel S. 26.
149 Krämer, Walter S. 146 ff.

Eickhoff, Birgit (Hrsg.): Duden – Das Synonymwörterbuch, 3. A., Mannheim u. a. 2004.

Bei der Ausformulierung ist das Gebot der **Sachlichkeit** zu bedenken. Die Verwendung von verstärkenden Ausdrücken wie *eindeutig, abwegig, unsinnig, verfehlt, Fehlentscheidung* wirkt wenig überzeugend. Solche Verstärkerbegriffe vermögen die Auseinandersetzung mit sachlichen Argumenten nicht zu ersetzen, sondern wirken wie Killerphrasen. Begriffe wie *natürlich, selbstverständlich* sind ebenfalls fehl am Platz. In wissenschaftlichen Arbeiten werden Selbstverständlichkeiten gerade hinterfragt und durchleuchtet. Es gibt nichts Selbstverständliches mehr.[150]

Umgangssprachliche Wendungen, ein salopper Tonfall und Übertreibungen wie *unglaublich, unsinnig* lassen die gebotene Sachlichkeit vermissen. Dies gilt gleichfalls für „flotte" journalistische Sprachwendungen.

Als Verstärkung werden gerne Füllwörter wie *auch, nun, aber, dann, denn* verwendet. Sie vermitteln Unsicherheit. Monotonie der Sprache ist bei wiederholter Verwendung die Folge.

10.2. Perspektive der Darstellung

Eine wissenschaftliche Arbeit setzt einen **objektiven,** distanzierten **Blickwinkel** des Verfassers voraus. Deshalb ist die Ich-Form in wissenschaftlichen Arbeiten mit juristischer Thematik und in der Regel auch bei anderer Themenstellung unangebracht. Richter, Staatsanwälte und Verwaltungsfachleute sind zur Unparteilichkeit verpflichtet. Subjektivität ist fehl am Platz.[151]

Stattdessen lebt diese Disziplin von der breiten Darstellung verschiedener in Literatur und Rechtsprechung vertretenen Ansichten. Trotzdem hat der Verfasser diesen Meinungsstreit einer Lösung zuzuführen, eine Stellungnahme zu bestimmten Meinungen abzugeben, praktische Umsetzungsvorschläge zu finden und zu bewerten sowie einen Ausblick auf die zukünftige Entwicklung der Rechts- und Sachlage zu geben. Dabei handelt es sich um nichts anderes als um eine Wertung, der immer ein subjektives Moment anhaftet. Gleichwohl wird dieses subjektive Moment hinter scheinbar objektiven Aussagen wie *dem ist entgegenzuhalten, es leuchtet ein, dem kann nicht gefolgt werden,* verborgen. Meines Erachtens bestehen gegen eine wohl dosierte Verwendung der Ich-Form keine Bedenken, soweit sich diese auf einzelne Stellungnahmen beschränkt.[152]

Man-Sätze sind zu vermeiden. Die Man-Form soll Allgemeingültigkeit vortäuschen. Diese Allgemeingültigkeit ist in den wenigsten Fällen wirklich

---

150 Bänsch, Axel S. 21; Teubner, Ernst S. 32.
151 Kosman, Lisa S. 49, Teubner, Ernst S. 32.
152 So auch Poenicke, Klaus: Wie verfasst man wissenschaftliche Arbeiten?, 2. A., Mannheim 1988, S. 114; Theisen, Manuel S. 138 f.; a. A. Eco, Umberto S. 195 f.

gegeben. In einer wissenschaftlichen Arbeit geht es nicht um verallgemeinertes Wissen, sondern um spezielles Fachwissen. Man-Sätze wirken rasch monoton. Bei einer wiederholten Verwendung der Man-Form wird schnell deutlich, um was es sich handelt: Eine stupide Aneinanderreihung von Allgemeinplätzen.

10.3. Paragrafenangaben

Befasst sich eine wissenschaftliche Arbeit mit einer juristischen Problematik, sind die dazugehörigen Gesetzestexte heranzuziehen. Die einschlägigen Vorschriften sind als Paragrafenangaben zu zitieren, **ohne** dass der Gesetzestext wiederzugeben ist. Es gibt verschiedene **Zitierweisen** wie *§ 832 Abs. 1 S. 2 BGB* oder *§ 832 I S. 2 BGB* oder *§ 832 I 2 BGB*. Die erste Variante erscheint am eindeutigsten. Gleichwohl spielt es keine Rolle, welche Zitierweise gewählt wird. Es kommt nur auf eine einheitliche und präzise Zitierweise an.

Der Gesetzestext ist als bekannt bzw. dem Leser zugänglich zu unterstellen. Es ist deshalb nicht erforderlich, den Text wiederzugeben. Ausnahmsweise kann aus dem Gesetzestext zitiert werden, soweit es auf eine bestimmte Formulierung ankommt und der Verfasser hierauf abstellen, hierauf näher eingehen will. Soweit bei der grammatikalischen Auslegung der Gesetzeswortlaut bedeutsam ist, kann es empfehlenswert sein, diesen wiederzugeben.

Es sollte davon abgesehen werden, die Paragrafenangaben in die Fußnote zu verbannen. Diese sind Teil der Ausführungen im laufenden Text der Arbeit.

11. Die Gestaltung

Das äußere Erscheinungsbild einer wissenschaftlichen Arbeit ist der erste Eindruck, den die Gutachter und Leser der Arbeit haben werden. Nicht umsonst heißt es: *Für den ersten Eindruck gibt es keine zweite Chance.* Eine gelungene äußere Gestaltung kann inhaltliche Mängel nicht ausgleichen. Sie kann aber einer inhaltlich gelungenen Arbeit den **angemessenen äußeren Rahmen** verleihen. Die Arbeit am PC bietet für die Gestaltung viele Hilfestellungen und Möglichkeiten.

An manchen Hochschulen gibt es **Formvorschriften** für die Gestaltung wissenschaftlicher Arbeiten. Diese Formvorschriften sind einzuhalten. Sie verkörpern die Erwartungshaltung des Lesers und Gutachters im jeweiligen Fachgebiet. Sie dienen der Vergleichbarkeit des wissenschaftlichen Arbeitens. Soweit es an der Hochschule, an der die Arbeit eingereicht wird, keine solchen Formvorschriften gibt, können die folgenden Erläuterungen herangezogen werden.

11.1. Schriftgröße und Zeilenabstand

Das Papierformat beträgt DIN A4. Die Blätter sind nur einseitig zu beschriften. Es ist ein klares Schriftbild wie Arial oder Times New Roman zu wählen.

Bei einer wissenschaftlichen Arbeit können Schriftgröße und Zeilenabstand zwischen den einzelnen Teilen der Arbeit variieren. Für das Titelblatt ist eine größere Schriftgröße angezeigt als für die anderen Teile der Arbeit. Zwischen den Überschriften und dem laufenden Text bietet sich ein größerer Abstand an als im laufenden Text.

Der **Textteil** der wissenschaftlichen Arbeit ist in **Schriftgröße 12** zu erstellen. Es ist ein **Zeilenabstand** von **1,5** zu wählen.

Bei **Silbentrennungen** am Zeilen- und Seitenende sind die Lesbarkeit und die Verständlichkeit der Trennung zu bedenken.[153] Es sollten nur verständliche Wortteile getrennt werden. Die automatische Silbentrennung bei der Arbeit mit dem PC ist hierauf zu überprüfen. Zu vermeiden sind nach Möglichkeit Trennungen am Seitenende.

Eine Überschrift darf nicht am Seitenende ohne dazugehörige Textzeilen stehen. Eine voll geschriebene Seite sollte nicht mit der ersten Zeile eines neuen Absatzes enden. Eine neue Seite sollte nicht mit der letzten Zeile eines Abschnittes beginnen. Hierbei handelt es sich um rein optische Gestaltungskriterien, die vernachlässigt werden können.

Es ist gestalterisch unvorteilhaft, wenn einerseits im Blocksatz geschrieben wird, andererseits auf die Silbentrennung am Zeilenende gänzlich verzichtet wird. Die Folge können weit auseinander gezogene Worte sein.

Fettdruck und Kursivdruck, Anführungsstriche im Text zur **Hervorhebung** einzelner Worte oder ganzer Passagen sollte der Verfasser nur begrenzt verwenden. Eine zu häufige Verwendung dient nicht der Hervorhebung, sondern führt zur Verwirrung und Unübersichtlichkeit. Das Schriftbild „verschwimmt" vor den Augen.

Gliederungsüberschriften sind im Text hervorzuheben, wofür sich Fettdruck anbieten kann. Sie können vom vorangehenden Text und vom folgenden Text durch Leerzeilen abgesetzt werden. Vor zu vielen Leerzeilen muss gewarnt werden. Sie lassen die Seite leer erscheinen und es stellt sich die Frage, wo der Inhalt bleibt.

Die **Fußnote** wird im laufenden Text hinter der Passage angebracht, auf die sie sich bezieht oder sie erfolgt am Satzende im Anschluss an das Satzzeichen. Die Nummerierung der Fußnoten erfolgt in arabischen Zahlen. Sie kann auf verschiedene Weise erfolgen:[154]

---

153 Lück, Wolfgang S. 27.
154 Seidenspinner, Gundolf S. 83.

- auf jeder Seite wird neu mit Fußnote 1 begonnen
- es wird die ganze Arbeit durchlaufend nummeriert.

Die durchlaufende Nummerierung ist üblich.[155]

Die Fußnoten sind vom Textteil durch einen durchgehenden waagerechten Strich abzugrenzen. Sie werden im Gegensatz zum Textteil in **Schriftgröße 10** mit einem **einzeiligen Zeilenabstand** geschrieben. Dies verhindert, dass der Fußnotenapparat gegenüber dem Textteil das optische Übergewicht erlangt.

Das **Literaturverzeichnis** kann wie der Textteil in **Schriftgröße 12** mit einem **Zeilenabstand von 1,5** abgefasst werden. Der besseren Unterscheidbarkeit können folgende alternative Gestaltungen dienen:

- Innerhalb einer Literaturangabe, die sich über mehrere Zeilen erstreckt, genügt ein einfacher Zeilenabstand. Hingegen ist zwischen den einzelnen Literaturangaben ein Zeilenabstand von 1,5 zu wählen.
- Geht die Literaturangabe über mehrere Zeilen, ist die zweite und die folgende Zeile um 3 bis 5 Anschläge einzurücken.

11.2. Satzzeichen

Es herrscht einige Unsicherheit im Umgang mit Leeranschlägen vor und hinter Satzzeichen. Die folgenden Regeln können dem abhelfen:

- Vor Satzzeichen steht kein Leeranschlag. Das Satzzeichen folgt auf das letzte Zeichen des vorhergehenden Textes.
- Nach einem Satzzeichen folgt ein Leeranschlag.
- Vor einer öffnenden Klammer steht ein Leeranschlag.
- Hinter einer öffnenden Klammer folgt kein Leeranschlag. Es folgt das erste Zeichen des in die Klammer eingefügten Textes.
- Vor einer schließenden Klammer steht kein Leeranschlag. Die Klammer folgt direkt auf das letzte Zeichen des in die Klammer eingesetzten Textes.
- Hinter der schließenden Klammer folgt ein Leeranschlag. Der Leeranschlag entfällt, wenn hinter der Klammer ein Satzzeichen folgt.
- Steht ein abgeschlossener Satz in Klammern, so gehört das abschließende Satzzeichen mit in die Klammer.
- Vor und hinter Anführungszeichen steht kein Leeranschlag.
- Vor und nach Gedankenstrichen steht ein Leeranschlag. Der Leeranschlag entfällt bei einem nachfolgenden Satzzeichen.
- Nach Aufzählungszeichen wie *1.*, *a)* folgt ein Leeranschlag.

---

155 A. A. Theisen, Manuel S. 175 ohne Begründung.

11.3. Strukturierung des Textes

Studierende neigen dazu, ihre Texte zu sehr durch Gliederungen und Überschriften aufzulösen. Zusammengehöriges kann hierdurch auseinander gerissen werden. Lesbarkeit und Verständlichkeit des Textes leiden darunter.
Eine **Untergliederung** darf **nur** verwendet werden, um optisch Raum für
gleich geordnete Kapitel nebeneinander zu schaffen.

Eine weitergehende Strukturierung des Textes sollte mit drucktechni-
schen Mitteln erfolgen. Hierfür gibt es verschiedene Möglichkeiten:[156]

- Hierzu zählen Absätze, um sinnvolle Gedanken- und Leseeinheiten optisch voneinander abzusetzen. Ein Absatz sollte aus mehr als zwei Sätzen
bestehen.
- Vorgesetzte Spiegelstriche können nicht nur Aufzählungen und Thesen,
sondern auch Zusammenfassungen kenntlich machen. Es ist darauf zu
achten, dass der Text hinter dem Spiegelstrich nicht allzu lange ist. Ansonsten geht der Charakter einer Aufzählung und Zusammenstellung verloren.
- Einzüge vermögen wichtige Passagen optisch abzusetzen und hervorzuheben. Mit Einschüben ist sparsam umzugehen. Ansonsten wird der Text
wie bei feinsten Untergliederungen zergliedert.

12. Das Korrekturlesen

Stehen der Inhalt sowie der Aufbau der Arbeit endgültig fest und liegen alle
Teile der Arbeit vor, ist Korrektur zu lesen. Das Korrekturlesen sollte unter
verschiedenen Gesichtspunkten erfolgen, wie

- Inhalt
- Sprache
- Fußnoten
- Gestaltung.

Für jeden der Gesichtspunkte ist ein besonderer Korrekturgang notwendig.
Die erforderliche Zeit für die verschiedenen Korrekturgänge ist nicht zu unterschätzen.

Es empfiehlt sich, andere Personen in das Korrekturlesen einzubeziehen.
Wer monatelang an einer wissenschaftlichen Arbeit „gefeilt" hat, neigt zur
Systemblindheit. Wer alles bis ins feinste Detail durchdacht hat, kann sich
kaum mehr in einen Leser hineinversetzen, der mit den Zusammenhängen,

---

156 Theisen, Manuel S. 105 f.

97

Formulierungen und den damit verbundenen Vorstellungen bei weitem nicht so vertraut ist und manches ganz anders versteht oder den ausgeklügelten Gedankengängen nicht mehr zu folgen vermag.

Es ist mit der Überarbeitung des **Inhalts** zu beginnen. Es ist darauf zu achten, dass ein logischer Aufbau gewählt wurde. Der Aufbau muss die Entwicklung der Gedanken fördern und unterstützen und dem Verständnis dienen. Ein besonderes Augenmerk ist darauf zu richten, dass die Arbeit in sich widerspruchsfrei ist.

Es ist darauf zu achten, dass unnötig breite Ausführungen und Wiederholungen vermieden werden. Wiederholungen legen die Vermutungen nahe, dass der Aufbau nicht sachgerecht gewählt wurde.

Die Gliederung muss den Inhalt der Arbeit und die Zusammenhänge wiederspiegeln. Es ist auf prägnante Überschriften zu achten.

Steht der Inhalt fest, kann sich die Überarbeitung der **Sprache** anschließen. Die Sprache muss flüssig sein. Monotone Wiederholungen von Worten oder ganzen Satzpassagen sind durch abweichende Formulierungen zu ersetzen. Gleichzeitig ist die Arbeit auf Tipp-, Rechtschreib- und Orthografiefehler durchzusehen. Die Rechtschreibprüfung am PC vermag wichtige Hilfestellungen zu geben. Sie ist jedoch nicht vollkommen. Gerade absurde und sinnentstellende Fehler werden nicht angezeigt.

Überlange Sätze und Schachtelsätze sind aufzulösen. Bei Sätzen über mehr als drei Zeilen erscheint eine Auflösung fast zwingend erforderlich.

Es hat die Korrektur der **Fußnoten** zu folgen. Die Angaben zur Fundstelle müssen vollständig sein. Die übliche Reihenfolge zwischen Rechtsprechung, Kommentaren und anderen Quellen ist zu beachten. Die Hierarchie und Chronologie der Rechtsprechungszitate ist herzustellen. Auf eine angemessene Gewichtung der Belege ist zu achten. Die Voll- und Kurzbelege sind auf Vollständigkeit und Einheitlichkeit zu überprüfen.

Die **Gestaltung** der Arbeit ist darauf durchzusehen, dass sie einheitlich, optisch ansprechend und gemäß den Formvorschriften der Hochschule durchgeführt wurde. Überschriften oder einzelne Zeilen am Seitenende sind auf die nächste Seite zu übertragen.

13. Die Bewertung einer wissenschaftlichen Arbeit

Bevor die Studierenden ihr Manuskript in seiner endgültigen und vollständigen Fassung fertig stellen, sollten sie überdenken, ob ihre Arbeit allen Bewertungsmaßstäben genügt, die an eine wissenschaftliche Arbeit gestellt werden. Genügt die Arbeit den üblichen Bewertungskriterien nicht, besteht noch Gelegenheit dem abzuhelfen, die Arbeit zu überarbeiten.

Die Bewertung einer wissenschaftlichen Arbeit erfolgt sowohl nach inhaltlichen wie nach formalen Gesichtspunkten. Es gibt keinen für alle Fälle gültigen Katalog an Bewertungskriterien und noch weniger lässt sich eine allgemeingültige Aussage über die Wertung der einzelnen Gesichtspunkte anstellen. Folgende **Gesichtspunkte** sind in jedem Fall zu beachten:[157]

Schwierigkeitsgrad

Der Schwierigkeitsgrad bestimmt sich nach der Komplexität des Themas und dem Umfang der spezifischen Literatur, die zu dem Thema vorhanden ist. Zu manchen Themen gibt es eine Fülle an Literatur, die ausgewertet werden muss. Es kommt auf die sorgfältige Recherche und gelungene Darstellung an.

Zu anderen Themen gibt es kaum Literatur. Die rechtliche Problematik muss eigenständig mit den Mitteln der Methodenlehre erarbeitet werden. Der Verfasser hat selbstständiges Denken unter Beweis zu stellen.

Grad der Themenerfüllung

Hierin geht ein, ob der Verfasser die Schwerpunkte der Themenstellung herausgearbeitet und vertieft behandelt hat. Besonders die Einführung und die Zusammenfassung müssen deutlich machen, was Gegenstand der Untersuchung ist. Nur was zum Thema gehört und zu seiner Ausarbeitung beiträgt, ist in der Arbeit abzuhandeln.

Erkenntnisleitendes Interesse

Das erkenntnisleitende Interesse ist zu Beginn der Arbeit aufzuzeigen und muss sich als roter Faden durch die Arbeit ziehen.

Forschungsgrad

Es wird berücksichtigt, wie umfassend der Bearbeiter die einschlägige Literatur zu dem bearbeiteten Thema einbezogen und wie er die Erkenntnisse aus dem Literaturstudium in eigenständige Überlegungen umgesetzt hat. Hinzu kommen eigene Erhebungen zu empirischen Fragestellungen.

Begründungstiefe

Negativ bewertet wird, wenn Behauptungen, Ansichten und Meinungen ungeprüft übernommen werden. Diese sind auf ihre Schlüssigkeit und Überzeugungskraft hin zu überprüfen. Eine herrschende Meinung oder eine ständige Verwaltungspraxis sind auf ihre Stichhaltigkeit und Zwangsläufigkeit zu hinterfragen.

---

157 Bänsch S. 73 ff.; Brauner, Detlef-Jürgen/Vollmer, Hans-Ulrich S. 147; Lohse, Heinz: Bewertung von Diplomarbeiten, in: Engel, Stefan/Slapnicar, Klaus Wilhelm (Hrsg.) S. 280 ff.; Lück, Wolfgang S. 5 f.; Holzbaur, Ulrich D./Holzbaur, Martina M, Die wissenschaftliche Arbeit, München 1998, S. 8 f., 11 f.; Karmasin, Matthias/Ribing, Rainer S. 34 ff.; Schenk, Hans-Otto S. 184 ff.

Methodik

Die Arbeit belegt das Vermögen, mit den in den jeweiligen Fachgebieten anerkannten Methoden und Arbeitstechniken umzugehen und diese adäquat anzuwenden.

Intersubjektivität

Die Darstellung muss verständlich und nachvollziehbar sein. Die Erkenntnisse müssen der Kontrolle durch andere zugänglich sein.

Gliederung und Inhalt

Inhalt und Gliederung müssen einander korrespondieren. Die Gliederung muss klar und ausgewogen sein. Die Ausarbeitung des Themas muss sich in der Gliederung wiederspiegeln.

Gewichtung[158]

Es sind nur zu solchen Fragen Erörterungen anzustellen, auf die es im konkreten Zusammenhang ankommt, die für die Darstellung des Themas relevant sind. Randprobleme dürfen keinen breiten Raum einnehmen.

Umfang

Vorgaben zum Umfang der Arbeit sind möglichst einzuhalten. Nicht nur der Gesamtumfang ist erheblich. Auch bei der Abfassung einzelner Gliederungspunkte muss deren Umfang in angemessenem Verhältnis zur inhaltlichen Bedeutung innerhalb der gesamten Arbeit stehen.

Zusammenhängende Darstellung

Die einzelnen Teile der Arbeit müssen aufeinander aufbauen. Es muss ein innerer Zusammenhang zwischen ihnen bestehen. Sind Zusammenhänge nicht ohne Weiteres erkennbar, ist der Zusammenhang aufzuzeigen.

Sprache

Die Arbeit muss sprachlich klar und verständlich abgefasst sein. Rechtschreibung, Interpunktion und Ausdruck müssen stimmen.

Zitierweise

Es ist auf die Qualität, Aktualität und einen angemessenen Umfang des Literaturverzeichnisses zu achten. Die Technik des wissenschaftlichen Arbeitens im Fußnotenapparat wird gewürdigt.

Originalität und Selbstständigkeit

Eigene Gedankenführung, eigenständige Argumentation und Würdigung fremder Argumente sowie eine individuelle und angemessene Ausdrucks- und Betrachtungsweise zeichnen eine selbstständige wissenschaftliche Leistung aus. Sie machen aus ihr eine eigenständige wissenschaftliche Arbeit.

---

158 Brühl, Raimund S. 168; Tettinger S. 217.

Visualisierung

Diagramme und Tabellen stellen Zahlenwerke übersichtlich dar. Ablaufpläne veranschaulichen Abläufe und Verfahren. Organigramme machen Strukturen verständlich.

Innovation

Die Arbeit zeigt neue Strukturen und Zusammenhänge auf, beleuchtet das Problem aus einem neuen Blickwinkel oder führt zu neuen Ergebnissen.[159]

Nützlichkeit

Die Arbeit und ihre Erkenntnisse erweitern den bisherigen Erkenntnisstand und sind für die Praxis von Nutzen.

---

159 Dieses Kriterium kommt bei einer Seminararbeit kaum zur Anwendung.

Glossar

Analogie	entsprechende Heranziehung von Normen auf nicht geregelte ähnliche Sachverhalte
Bibliografie	Verzeichnis des Bestandes an (Fach-)Literatur eines Landes
Dissertation	Doktorarbeit
Exzerpt	auszugsweise Wiedergabe
gender mainstreaming	Untersuchung auf geschlechtsrelevante Unterschiede
Glossar	erläuterndes Register
Kommentar	Erläuterungswerk zu Gesetzesvorschriften
Konkordanz	Übereinstimmung
Monografie	Darstellung eines Problems in Buchform
Plagiat	Diebstahl geistigen Eigentums
Synonym	sinnverwandtes Wort
Uniform Resource Locater	Die Adresse, die den elektronischen Standort einer Internetadresse angibt
Zitat	namentlich angeführte Schriftstelle

Anlage 1: Muster Titelseite

FACHHOCHSCHULE LUDWIGSBURG HOCHSCHULE FÜR ÖFFENTLICHE VERWALTUNG UND FINANZEN

Wahlpflichtfach im Verwaltungszweig
Zivilrecht und soziale Wirklichkeit

Die Umsetzung der Insolvenzrechtsreform im Rahmen der Schuldnerberatung

---

Diplomarbeit

zur Erlangung des Grades
einer Diplomverwaltungswirtin (FH)

vorgelegt von

Hanna Mustermann
Hauptstraße 100
70000 Stuttgart

Studienjahr 2007/2008

Gutachter: ....

Anlage 2: Muster Inhaltsverzeichnis

Inhaltsverzeichnis

Anlage 3: Muster Abbildungs- und Tabellenverzeichnis

Abbildungs- und Tabellenverzeichnis

Anlage 4: Muster Abkürzungsverzeichnis

Abkürzungsverzeichnis

a. A.	andere Ansicht
a. a. O.	am angegebenen Ort
Abs.	Absatz
AtomG	Atomgesetz
Aufl.	Auflage
BAFöG	Bundesausbildungsförderungsgesetz
BAG	Bundesarbeitsgericht
BAGE	amtliche Entscheidungssammlung des Bundesarbeitsgerichts
BauGB	Baugesetzbuch
BayVGH	Bayrischer Verwaltungsgerichtshof
BB	Betriebsberater, Zeitschrift
BFH	Bundesfinanzhof
BGB	Bürgerliches Gesetzbuch
BGH	Bundesgerichtshof
BGHSt	amtliche Entscheidungssammlung des Bundesgerichtshofs in Strafsachen
BGHZ	amtliche Entscheidungssammlung des Bundesgerichtshofs in Zivilsachen
BVerfG	Bundesverfassungsgericht
BVerfGE	amtliche Entscheidungssammlung des Bundesverfassungsgerichts
DÖV	Die öffentliche Verwaltung, Zeitschrift
DVBl.	Deutsches Verwaltungsblatt, Zeitschrift
EGV	Vertrag zur Gründung der Europäischen Gemeinschaft
EStG	Einkommenssteuergesetz
GastG	Gaststättengesetz
GewO	Gewerbeordnung
GG	Grundgesetz
GrSt	Grundsteuer
GrStG	Grundsteuergesetz
GVG	Gerichtsverfassungsgesetz
JA	Juristische Ausbildung; Zeitschrift
JZ	Juristenzeitung; Zeitschrift
JZ	Juristenzeitung, Zeitschrift
Hrsg.	Herausgeber

Anlage 5: Muster Literaturverzeichnis

Literaturverzeichnis

Bäumerich, Günter: Schuldnerberatung und Entschuldungshilfe – Kommunale Erfahrungen und Perspektiven am Beispiel der Stadt Köln, in: NVD 1986 S. 51–55

Bundesministerium für Familie, Senioren, Frauen und Jugend (Hrsg.): Was mache ich mit meinen Schulden? Hilfe für überschuldete Familien durch Schuldnerberatung, 7. A., Bonn 1998

Buschkamp, Heinrich Wilhelm: Das Arbeitsfeld Schuldnerberatung, in: Deutscher Verein für öffentliche und private Fürsorge (Hrsg.): Soziale Arbeit und Schuldnerberatung, Rahmenbedingungen, Rechtsprobleme, Heft 39 der Schriftenreihe für Sozialhilfe, Jugendhilfe und Gesundheitshilfe, Frankfurt a. M. 1989, S. 190–201

Döbereiner, Stephan: Die Restschuldbefreiung nach der Insolvenzordnung, Bd. 175 der Schriften zum deutschen und europäischen Zivil-, Handels- und Prozessrecht, Diss. Universität Regensburg, Bielefeld 1997

Gronkowski, Kurt: Schuldnerberatung: Warum es sie geben muss und wie sie arbeiten soll, in: Arkenstette Matthias u. a.: Wie werde ich meine Schulden los? Überschuldung und was dagegen getan werden kann, Hamburg 1987, S. 92–110

Groth, Ulf/Schulz, Rolf/Schulz-Rackoll, Rolf: Handbuch Schuldnerberatung – Neue Praxis der Wirtschaftssozialarbeit, Frankfurt a. M. u. a. 1994

Hess, Harald/Obermüller, Manfred: Die Insolvenzordnung – Eine systematische Darstellung der Insolvenzordnung unter Berücksichtigung kreditwirtschaftlicher und arbeitsrechtlicher Aspekte, 2. A., Heidelberg 1998

Justizministerium Baden-Württemberg (Hrsg.):... Wenn Sie finanziell am Ende sind: Restschuldbefreiung – eine neue Chance für redliche Schuldner, Stuttgart o. J.

Kohl, Ulla: Schuldnerberatung – Aufgabe zwischen Rechtsbesorgung und Sozialarbeit, in: NDV 1986 S. 354–358

Anlage 6: Muster Glossar

Glossar

argumentum ad absurdum	Schluss vom offenbar unrichtigen Ergebnis auf den unrichtigen Ausgangspunkt
argumentum e contrario	Umkehrschluss
clausula rebus sic stantibus	Lehre von der Geschäftsgrundlage
contra legem	gegen den Wortlaut des Gesetzes
effet utile	Grundsatz der Funktionsfähigkeit und Wirksamkeit des Europarechts
Gesetzespositivismus	Lehre von der Rechtsanwendung ausschließlich nach dem Wortlaut des Gesetzes
grammatikalische Auslegung	Auslegung nach dem Wortlaut der Norm
Hermeneutik	Lehre von der wissenschaftlichen Auslegung von Texten
historische Auslegung	Auslegung nach der Entstehungsgeschichte einer Norm und dem Willen des Gesetzgebers
Kodifikation	Gesetzeswerk
Legaldefinition	vom Gesetzgeber gegebene Definition von Rechtsbegriffen
Lex	Gesetz
Methodenlehre	Lehre von planmäßigen Verfahren zur Erreichung wissenschaftlicher Ziele
objektives Recht	Gesamtheit des geschriebenen und ungeschriebenen Rechts
pacta sunt servanda	Grundsatz der Vertragstreue
Primärrecht	Gründungsverträge der Europäischen Gemeinschaft
Priorität	Grundsatz vom Vorrang

Peter Schwacke

Juristische Methodik
mit Technik der Fallbearbeitung

4., neu bearb. Auflage 2003
XIV, 174 Seiten, 4 Abb. Kart. € 19,–
ISBN 978-3-555-01311-4
Verwaltung in Praxis und Wissenschaft

Immer häufiger wird es notwendig werden, sich in einem neuen Rechtsgebiet rasch orientieren zu können. Unerlässliche Voraussetzung dafür sind gründliche methodische Fähigkeiten und Kenntnisse. Dem trägt die intensive Neubearbeitung der juristischen Methodik noch weitgehender als bisher Rechnung. Neben der juristischen Methodik ist der Technik der Fallbearbeitung nach wie vor ein umfangreicher Abschnitt gewidmet. Dabei wird sowohl auf klausur- wie auch auf bescheidtechnische Fragen eingegangen.
Die Darstellung ist nicht nur Arbeitsmittel für die Ausbildung des Nachwuchses in der öffentlichen Verwaltung, sondern wird ebenso dem angehenden Juristen von Nutzen sein. Der Band empfiehlt sich als Einstieg in die vielschichtige Problematik juristischer Entscheidung.

Deutscher Gemeindeverlag GmbH · 70549 Stuttgart
Tel. 0711/7863 - 7280 · Fax 0711/7863 - 8430 · www.kohlhammer.de

Für Ausbildung und Praxis

Schweickhardt/Vondung

Allgemeines Verwaltungsrecht

8. Auflage 2004
XXVIII, 488 Seiten, Kart. € 32,–
ISBN 978-3-17-018343-8

Das für die Aus- und Weiterbildung nunmehr in 8. Auflage weiter-
entwickelte Lehrbuch stellt das Allgemeine Verwaltungsrecht systematisch dar und verdeutlicht es durch zahlreiche Beispiele aus
der Verwaltungspraxis. Zusätzlich werden in entsprechender
Weise das Datenschutz-, Staatshaftungs-, Verwaltungsvoll-
streckungs-, Europarecht und das Recht der öffentlichen Sachen
in eigenen Kapiteln erläutert.

Die 8. Auflage ist um das Kapitel »Rechtsschutz« ergänzt worden
und berücksichtigt innerhalb der jeweiligen Kapitel den ver-
stärkten Einfluss des Europarechts. Jedes Kapitel wird durch
Wiederholungsfragen zur Lernkontrolle sowie Vertiefungshin-
weise abgeschlossen. Das Werk dient damit sowohl der Einarbeitung
und Prüfungsvorbereitung in die Rechtsgebiete an Verwaltungs-
fachhochschulen aber auch später in der Verwaltungspraxis noch
als Nachschlagewerk.

Unter der Herausgeberschaft von Frau Professorin Ute Vondung
sind Professoren und Lehrbeauftragte der Verwaltungshochschulen
in Kehl und Ludwigsburg sowie Rechtsanwälte und Verwaltungs-
praktiker Autoren der 8. Auflage.

W. Kohlhammer GmbH · 70549 Stuttgart
Tel. 0711/7863 - 7280 · Fax 0711/7863 - 8430 · www.kohlhammer.de